Madrid me mata

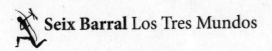
Seix Barral Los Tres Mundos

Elvira Sastre
Madrid me mata

Diario de mi despertar en una gran ciudad

Obra editada en colaboración con Editorial Planeta – España

© 2022, Elvira Sastre
Por mediación de Casanovas & Lynch Literary Agency S. L.

© 2022, Editorial Planeta, S. A. - Barcelona, España

Derechos reservados

© 2022, Editorial Planeta Mexicana, S.A. de C.V.
Bajo el sello editorial SEIX BARRAL M.R.
Avenida Presidente Masarik núm. 111,
Piso 2, Polanco V Sección, Miguel Hidalgo
C.P. 11560, Ciudad de México
www.planetadelibros.com.mx

© Imágenes del interior: archivo personal de la autora; p. 68 (inferior), Gloria Nieto; pp. 97, 170, 173, 179, 208 y 216, Miranda Maltagliati Halpern, y p. 274, Diego V retocada por Miranda Maltagliati Halpern

Primera edición impresa en España: febrero de 2022
ISBN: 978-84-322-3965-6

Primera edición impresa en México: marzo de 2022
ISBN: 978-607-07-8443-9

Impreso en los talleres de Impregráfica Digital, S.A. de C.V.
Av. Coyoacán 100-D, Valle Norte, Benito Juárez
Ciudad De Mexico, C.P. 03103
Impreso en México –*Printed in Mexico*

Para mi abuela Juanita,
que guarda en el cajón cada una de estas palabras
y cuya luz sobrevivió durante el proceso creativo de este libro
por el que nunca dejó de preguntarme.

MADRID DESDE MIS OJOS

Llegué a Madrid hace casi una década impulsada por una huida hacia delante. A veces escapar es otra forma de protegerse, de convertir la tierra que queda entre medias en un océano amplio, donde la tormenta se mantiene al otro lado. Con la fuerza inocente de los veinte años, cuando uno cree que es posible llegar a la cima sin hundir antes los pies en el barro, terminé una historia que venía acompañándome un largo tiempo. Si lo hice o no, todavía lo pongo en duda. Pero no me importa. En muchas ocasiones, es esa ingenuidad, el olor a limpio de aquel tiempo, la que me devuelve a los sueños una vez despierta, a creer que se puede querer a alguien sin esperar nada a cambio. De aquello aprendí que el amor nunca termina, que puede ser inagotable; los que nos desvanecemos somos nosotros al pisar el barro.

Y no pasa nada, porque no siempre la cima es el final de la montaña.

Los primeros años en Madrid fueron rápidos, apenas perceptibles. Los recuerdo como un todo. Es como si durante ese tiempo en mi cabeza se hubiera repetido la misma canción, una y otra vez, sin cansarme. Si pienso en ello ahora, podría resumirlo en un único día. Tenía tantas ganas de irme a Madrid que creo que el sueño empezó mucho antes de llegar. Pero yo no llegué a Madrid con inocencia. No me descubrí en esta ciudad. Yo ya sabía quién era y llegué con deseo, con intención. Quería respirar el aire que solo existe aquí, ver cómo se ampliaban las grandes avenidas, salir de las esquinas. Quería ver otras caras, otros cuerpos: gente libre, con prisa, siempre en otro lugar. Quería ser ellos, a veces. Y otras quería seguir siendo yo. Quería mezclarme entre los desconocidos, entrar en sitios nuevos, mirar hacia arriba y escuchar algo más que el silencio. A veces, echo de menos esa melodía, y también a la gente que compartió espacio conmigo durante esa época, y las ganas animales de vivirlo todo y no dejar nada por el camino.

Madrid, para mí, fue al principio esa hambre de vida.

Pronto llegarían la nostalgia, los paseos a solas en mitad del tumulto, viajes en autobús de madrugada con destino a otras casas, la luz de las farolas cuando la ciudad se apaga: Madrid es preciosa cuando se hace de noche. Descubrí el placer de ir al cine sola sin que nadie cuestionara mi equilibrio; de entrar en cafeterías con mesas individuales en las que gente, como yo, leía un libro, merendaba y regresaba a casa con el placer de la soledad elegida; de caminar con acierto por nuevos rincones, hallando las pistas que otros habían dejado para mí. Sin duda, esa es una de las cosas que más me gustan de Madrid: la seguridad, vayas por donde vayas, de que siempre vas a encontrar algo nuevo, algo desconocido, algo extraño. En aquel tiempo, Madrid me enseñó a amar mi soledad, que es un buen comienzo para amarse a una misma. Cuando le contaba a alguien de fuera que disfrutaba de los planes a solas, regresaban las miradas críticas. Sin embargo, aquí nadie me juzgaba o me miraba distinto, pues esta ciudad está llena de almas solitarias que se van cruzando las unas con las otras. Por eso no me importa vivirla a solas de vez en cuando, hacer de este lugar mi mapa del tesoro, mi barrera infranqueable, mi refugio intacto, una voz que grita «casa» cuando descubren mis escondrijos. Es algo que recomiendo a todos los que llegan aquí: conocerla uno mismo. Es una ciudad que es de todos sin ser de nadie. Es cierto, no me cabe duda, que no está hecha para todo el mundo: es muy complicado saber encontrarse en medio de los agobios y las prisas de una capital como esta, pequeña y grande al mismo tiempo, es igual de difícil que ser capaz de distinguir la nota que compone una melodía. Pero se puede. A mí me llevó un tiempo acomodar mi silencio a su ruido, encajar el paso lento del tiempo en un reloj que nunca duerme. Pero lo hice. Y lo que descubrí, lo que descubro, es un triunfo, es la cruz del mapa, es lo que se observa desde el punto más alto de la montaña. En cierto modo, Madrid me ha reconciliado conmigo misma. Es la única ciudad del mundo en la que no me siento sola cuando me quedo sola. Fue en este lugar donde aprendí que si una no está a gusto consigo misma, es difícil que pueda estarlo con los demás. Cuando dudo o me asusto o me entran los nervios, tiendo a replegarme hacia dentro de una manera muy sutil, como los caracoles. Madrid, por aquel entonces, se convirtió en mi caparazón.

En esta última etapa, he hallado otra emoción —para mí de las más poderosas— que solo dan los lugares elegidos. En todo este tiempo, Madrid se ha convertido en mucho más que el lugar al que vine para alimentarme, para ser yo, para sentirme protegida. Madrid es mi calma. Y no porque sea una ciudad tranquila, sino porque me ha mostrado lo que es la vida: algo que pasa veloz por delante de nuestros ojos sin pararse ni un segundo a contemplarnos. Madrid me ha enseñado a no sentirme mal por no vivirlo todo, me ha dado las herramientas para mirarme por dentro y elegir lo que es mejor para mí, me ha prestado sus manos para construir mi casa, me ha adiestrado para reconocer el amor a base de errores, me ha explicado que hay sueños que no se cumplen y otros que llegan sin darnos cuenta. Madrid me ha mirado y me ha dicho: eres libre para elegir tu vida. Y esa paz, ese sosiego interior, esa tranquilidad al saber que lo que llegue puede que no sea lo que yo espero pero sí lo que yo soy, solo la encuentro aquí.

Hambre, *refugio*, *calma*. Son las palabras que definen mis etapas en esta ciudad. Las tres palabras que surgen si miro Madrid desde mis ojos.

OTOÑO

La ciudad en alto

La primera vez que mi abuela fue a Madrid estaba asustada. «Me daba miedo una ciudad tan grande», me cuenta. Ella vivía en Jemenuño, una localidad de Segovia que cuenta, hoy, con setenta habitantes censados. Para mí, sin embargo, ocupa más que esa cifra: es el origen de muchas cosas que conforman mi vida tal y como es ahora, una parte de un pasado que no he conocido pero por el cual estoy aquí, una palabra que se repite constantemente en la boca de mi abuela porque en ella engloba su historia. He ido poco allí; solo de pequeña y de su mano para visitar la tumba de mi abuelo en el cementerio cada 1 de noviembre. Recuerdo los buñuelos que compraba mi tía y el canto agudo, imperioso y afinado de Angelines, la tía de mi padre, a la hora de la misa. Cuando me hice mayor, dejé de ir por una cuestión de afinidad con según qué rituales. Para mí, mi abuelo está en las manos de mi abuela y me bastan sus historias para ser capaz de verla en las calles estrechas en las que creció mi padre.

El caso es que hace muchos años tuvo la oportunidad de ir a Madrid durante unos días, ya que su prima vivía allí. Un amigo la acompañó y juntos fueron en carro hasta la estación con un puñado de caramelos en el bolsillo para el viaje, que en aquella época duraba bastante más que ahora. Uno de los primeros lugares que visitaron con emoción fue la Puerta del Sol. Sin embargo, cuando llegaron, mi abuela se sintió decepcionada: «¿Dónde está el sol?». Se ríe al contármelo y yo le sonrío con ternura. «Entiéndelo —me dice—, nosotros no hacíamos más que escuchar cosas de Madrid y de la Puerta del Sol por aquí y por allá y esperábamos, qué menos, un sol gigante dibujado en algún sitio. En esa época no teníamos fotos, solo nuestra imaginación.» Al escucharla, me dan ganas de dibujarle soles por todas las paredes para que encuentre siempre lo que espera a pesar del tiempo.

El miedo no se le pasó cuando vio por primera vez el metro: se pensó que aquello era el final del mundo. Ahora estamos acostumbrados, pero la lógica de viajar de manera subterránea no es apta para cualquiera. También pudieron alejarse del centro y visitar el Cerro de los Ángeles, en Getafe, lugar de culto donde se encuentra un monumento religioso y de donde mi abuela salió «bendecida», me dice, apretándome la mano y sonriéndome sin tratar de convencerme, con el único ánimo de compartir conmigo su emoción. Y yo la creo.

Mi abuela se quedó en casa de su prima unos veinte días. De aquello, entre otras cosas, recuerda mirar por el balcón y ver los semáforos y los coches que arrancaban por las carreteras madrileñas. «Parece que ponen en alto Madrid», me dice, y me quedo pensando en el acierto de la frase, en lo gráfico de las palabras que elige para describir ese momento. Pienso en lo diferente que parece la ciudad las épocas en las que se vacía y en la bestia *a priori* poderosa en la que se convierte cuando la inunda el movimiento frenético que tanto la caracteriza. Me cuenta que su amigo no paraba de sorprenderse con la altitud imponente de los edificios, con lo grandiosos que resultan y con todo lo que ocupan y guardan en su interior. No me resulta difícil imaginarlos, pues yo también fui mi abuela llegando a Madrid, aunque esta vez para quedarme.

La vuelta al pueblo, a Jemenuño, fue distinta. Ya no tenía miedo ni estaba asustada. Había crecido por lo menos diez centímetros y en sus manos había fabricado ya nuevos recuerdos, pero reales. Una vez, en una presentación de un libro, me preguntó: «¿Por qué *Madrid te mata*, hija? Si Madrid no te mata, ¡Madrid te vive!». Y no pude hacer otra cosa que darle la razón. Madrid me mata para hacerme renacer de nuevo, como los mejores sueños: esos que se cumplen.

Un sueño con prisa

Nací en Segovia y en Segovia pasé mis primeros veinte años, tan lentos como un viaje en tren antiguo, cobijados bajo un techo donde todo se daba por sentado de una manera terriblemente sencilla.

En mi casa siempre hacía calor y eso era algo normal.

Al abrir la ventana de mi habitación, solo había verde, el crujido nocturno del grillo, un puñado de nubes naranjas que se deshacían en minutos, dando paso a una oscuridad tan taciturna como yo. Me apropié de esa suerte y di por hecho el paisaje sin obstáculos. Qué fácil era la vida, piensa una ahora, sin saber si alguna vez ha vivido realmente sin obligaciones. Desconozco esa sensación.

Me fui a Madrid impulsada por unas ganas imparables, por una necesidad vital de recorrer calles cuyo final no fuera fácil de vislumbrar, por un apetito voraz, por qué no decirlo, de caras nuevas. Ansiaba el ruido. Me daba igual vivir en Carabanchel o en Ciudad Lineal. Para mí todo estaba cerca de donde quería estar. Tardaría un tiempo en darme cuenta de que en Madrid estés donde estés todo queda lejos, sobre todo el metro.

Terminé, por suerte para mis hábitos, en un piso compartido con dos amigos en Las Vistillas, en La Latina. Recuerdo que para convencer a nuestros padres —previamente nos habían avisado de que si nos mudábamos a Madrid era únicamente por la universidad— les dijimos que por ahí pasaba la línea circular del autobús, la misma que nos dejaba en Moncloa, al lado de Ciudad Universitaria. Creo que solo los convencimos a medias, pero cuando se dieron cuenta de que lo último en lo que estábamos pensando era en ir de casa a clase y viceversa, era demasiado tarde. Tantas eran las ganas que ni siquiera nos fijábamos en los pisos que visitábamos. Me acuerdo de uno en Puerta del Ángel. Antes de firmar fue mi madre a verlo y nada más entrar se percató de una humedad enorme en el techo del salón que ninguno habíamos visto. Nos daba igual. Nos habríamos mudado a cualquier casa, a cualquier barrio. Estábamos en Madrid y eso era lo único que nos importaba.

Visitaríamos unos cuantos más antes de llegar al definitivo: un piso viejo, con muebles heredados, en el que tres habitaciones se encajaban como en una partida de Tetris. El suelo, de parqué antiguo, crujía a cada paso. El gotelé de las paredes arañaba y encontramos pruebas de otras vidas de-

Aprendí a asumirme en el cambio, a sentirme comprendida, a buscar mi paso tranquilo en la velocidad de una capital con urgencia.

bajo del sofá. Estaba en una de esas típicas corralas madrileñas y para llegar teníamos que subir tres pisos y atravesar pasillos angostos. Sufrimos bichos, ruidos nocturnos, vecinos molestos. Insisto: nos daba exactamente igual. Fue el primero. Fue el mejor piso del mundo.

En mi primera casa madrileña siempre hacía frío, y pronto aprendí que eso también era algo normal. Al mirar por la ventana solo veía verde, igual que en mi habitación de siempre, pero el color era distinto. El olor, también. La vida sencilla se iba complicando sin que quisiera darme cuenta. Y cuando por fin lo hice aprendí a asumirme en el cambio, a sentirme comprendida, a buscar mi paso tranquilo en la velocidad de una capital con urgencia. Madrid ya me había acogido. Pero esa es otra historia, como lo son los pisos que llegarían después, siempre partícipes en mi vida, como si fueran una extensión de mis emociones.

Vuelvo a menudo a Segovia, con y por mi familia. Paso allí las Navidades, el verano, algún fin de semana en el que me apetece recuperar el paso tardo de los días. Es amable la vuelta. Y es curioso pensar que cuando se trata de Segovia el verbo que utilizo suele ser *volver* y, sin embargo, con Madrid el verbo elegido es *ir*. Un éxodo temporal orquestado por mi subconsciente que confiesa mi realidad: vuelvo a Segovia para saber quién soy, voy a Madrid para saber quién quiero ser.

Llevo ya cerca de diez años en la capital.

Han sido tan rápidos como un sueño con prisa.

Y aquí sigo, sin querer ver el final de las calles.

A los que estamos en constante viaje

Las vueltas me producen una curiosidad terrible.

Es un fenómeno extraño: a veces uno deja su casa —por diversos motivos: trabajo, vacaciones, visitas familiares en otros lugares o pura necesidad vital— y lo hace con ganas, tachando los días previos en una cuenta atrás que esconde cierta prisa por cambiar de paisaje. Otras no apetece nada dejar el hogar, y el tiempo, en vez de ralentizarse, se apresura.

Por suerte, y por mi trabajo y mis circunstancias, viajo a menudo. Raro es el mes que no tengo que prepararme la maleta —aunque sigo sin saber cómo—. Soy de las que llegan a la estación de Atocha con cinco minutos de antelación y sin saber la vía. Es probable que me encuentres corriendo por los pasillos, sorteando pasajeros con la maleta y mi perro Viento o con algún acompañante mosqueado al lado porque —otra vez— he llegado con el tiempo justo. El caso es que no he perdido casi ningún tren en mi vida, apenas un par. Yo lo considero un triunfo personal; mis amigos, una flor en un sitio específico de mi cuerpo.

Sea como sea, las vueltas son similares: en ocasiones, uno regresa ansioso por dormir de nuevo en su colchón y continuar la rutina que se quedó pausada; en otras, la vuelta es un suplicio porque significa el abandono de un lugar nuevo y confortable, presumiblemente vacío de obligaciones y lleno de gente que uno solo ve cuando se empeña. El sentimiento aparece y no siempre hay que buscarle solución.

Sé de viajes, por lo que también sé de vueltas, igual que septiembre, el mes de los regresos. Volver a Madrid me crea mucha nostalgia. Nostalgia por lo que dejo y por una vuelta de la

Esa sensación de que la gente que te espera sigue siendo la misma que cuando te fuiste y tú, en cambio, eres alguien totalmente diferente después de tu viaje.

que nadie parece darse cuenta. Es lo que tienen las grandes ciudades: la falta, a veces, del pequeño detalle, del movimiento imperceptible.

¿No tenéis la sensación de que la gente que te espera sigue siendo la misma que cuando te fuiste y tú, en cambio, eres alguien totalmente diferente después de tu viaje? A mí volver siempre me provoca un cambio en el interior. Mínimo, pero sustancial. Bajo del tren con la tristeza pegada en el estómago. Me dura poco, unas horas, las suficientes como para no querer desprenderme de ella. No es un secreto. A veces escribo un par de versos y la comprendo; otras pido un capricho para cenar y se me pasa sin darme cuenta.

Volver a Madrid.

A veces tengo la impresión de que aquí todo el mundo está en constante viaje.

Las huellas del tiempo

De un tiempo a esta parte vengo fijándome en algo que tiene que ver con Madrid y sus edificios y que no deja de sorprenderme. Me provoca mucho interés pensar en el paso del tiempo, en cómo se mantiene estático el suelo que pisamos y en cómo cambian, sin embargo, los pies que se asientan sobre él.

Las ciudades son testigos históricos, la mayoría imbatibles. Han visto de todo y no se callan: hay heridas, restos de otros momentos, hay daños y también homenajes. En las ciudades hay restos de vida. El polvo de las calles sigue siendo el mismo que décadas atrás, estoy segura. Eso es algo que se perci-

Hay heridas en el paisaje de una ciudad, hay daños y homenajes.

be. Sin embargo, la gente que las ocupa es radicalmente distinta. El discurso que escuchan es diferente. La ropa, los besos, los locales, incluso el olor son desiguales.

En otras palabras: la casa es la misma, pero el habitante es otro.

He ido a visitar a mi amigo Chris a su casa. Vive solo, en La Latina, en un cuarto sin ascensor. Esto puede llegar a ser un drama, pero uno pronto se acostumbra por resignación, porque si algo escasea en la capital son los pisos de alquiler con montacargas. Pensando en positivo, es una oportunidad perfecta para demostrarle con acciones reales a un amigo todo lo que le quieres. Su portal se encuentra en una de esas calles estrechas y cortas del barrio, con unos pocos locales que resisten (una espartería, un local minúsculo de gas y calefacción y una carpintería) y con una fachada cuyo aspecto denota más vestigios de otra época que señales de la actualidad. Y no me equivoco. Al entrar, apareces de pronto en una de esas corralas madrileñas tan típicas. Las corralas son como un pasadizo, una cámara de los secretos. Siempre me han gustado. Parece mentira que quepan dentro de un portal tan estrecho. Cruzar la puerta es casi como entrar a otro tiempo.

Mientras subía las escaleras, pensaba en quiénes habrían vivido en esas casas tiempo atrás, cómo serían las personas que las ocupaban. De qué manera sería el mundo, qué noticias se escucharían, si se acariciarían con suavidad al irse a dormir. ¿Los despertarían las bombas? Pensé, con una sonrisa, en los extremistas que podrían haber vivido en esos pisos, esos mismos que ahora ocupan una pareja homosexual, un inmigrante sin papeles, una mujer trabajadora. Pensé en las familias de los pueblos que velan a sus muertos durante toda la noche. Quizá, hace mucho tiempo, un grupo de personas subieron esos mismos escalones para despedirse de un ser querido. Pensé en si alguna mujer dio a luz en una de esas casas. Si quizá alguna de ellas cobijó a un perseguido. Si fueron celda y prisión de alguien que ya no pudo volver a ser feliz. Pensé en niños tropezando por subir corriendo a la hora de la merienda.

El paso del tiempo a veces es algo agradable y solo basta con mirar para ver, para aprender de los errores, para redecorar la casa que habitamos y limpiar el polvo de las esquinas.

Contra el viento

Lo primero es comprobar la carga eléctrica de la batería. Tres puntos, el botón funciona.

Lo segundo es dar un pequeño golpe a las ruedas para asegurarme de que no están pinchadas y que giran con fuerza al darle al pedal.

Lo tercero, el sillín: sube y baja a la perfección. Todo apunta a que va a ir bien. Me subo y la ciudad cambia por completo.

Desde que me saqué el bono, no he dejado de utilizar el servicio de bicicletas eléctricas de Madrid. Es distinto: no contamina, no hace ruido ni ocupa, tiene un precio muy asequible, es individual y no huele por las mañanas, hay cada vez más estaciones, fomenta un transporte alternativo y, además, te permite ver. Solo eso: ver.

La bici me ha descubierto un Madrid diferente. El caos en la carretera, paradójicamente, me da cierta calma, me abstrae. Recuerdo uno de los peores días de mi vida: era de noche y cogí la bici hacia el Palacio Real. Apenas había tráfico y me

Cuando uno corre contra el viento, siempre encuentra aire.

puse a pedalear fuerte, muy rápido. Llegué a Moncloa por Ferraz, con todos los semáforos abiertos. Hacía frío y me dolían las manos, pero no sentía nada. Solo quería dejar atrás todo el dolor que venía acompañándome. Cuando uno corre contra el viento, siempre encuentra aire. Al final frené, con el mismo desaliento que el de un corredor de maratones, me sacudí la tristeza, y volví a casa.

Hubo una época en la que iba en bici a buscar a alguien especial al trabajo. Subía la calle del Rastro, cruzaba La Latina y atravesaba todo Sol hasta Alcalá, donde ella me esperaba. Esos viajes me devolvían a una infancia inexistente. Me sentía como una niña yendo en bici por el pueblo, con las rodillas magulladas y la curiosidad en las manos. Ilusionada. Con la vida por delante. Algo que nunca hice, pero que recuerdo como propio quizá por tantas aventuras leídas. En esos paseos, yo era esa niña libre, capaz, limpia a pesar de todas las heridas.

He cogido la bicicleta con lluvia y también bajo el terrible sol madrileño de verano, en mitad del inhóspito diciembre, en distancias largas, en trayectos cortos. La he cogido para reconciliarme con el aire contaminado, con los coches agresivos, los ruidos de los tubos de escape, los peatones irrespetuosos. La he cogido acompañada y también sola, después de una cena o un teatro, camino a una entrevista, con prisas y sin ganas de llegar.

La he cogido de mil maneras, pero siempre por el puro placer de ver cómo cambia el paisaje de la ciudad mientras yo pedaleo. Y para encontrar aire. Para encontrar aire también.

Más allá de la M-30

Durante mi primer año en Madrid, ansiaba el ruido, el bullicio, la aglomeración de las calles. Pensaba que la ciudad empezaba en La Latina y terminaba en Malasaña, pasando por Gran Vía y reposando en Chueca. ¿Quién querría explorar más allá con todo lo que esos lugares ofrecen? Lo único que les faltaba a aquellos barrios era eso de lo que precisamente venía huyendo: la quietud, la prudencia, el comedimiento.

Quería despreocupación, indiscreción, alboroto.

Quería ver a gente que vistiera diferente, que hablara de otra manera, que no tuviera reparos en dejarse ver.

Quería escuchar otras cosas, beber en bares distintos, cambiar de planes sin moverme del sitio.

Quería empezar el día sin saber cómo iba a terminar, vivir la noche madrileña, no recordar nada al día siguiente.

Y eso hice durante una temporada.

Con el tiempo, permití que Madrid me acogiera y dejé de verla como una ciudad pasajera. Fue después de un viaje en cercanías a Aranjuez, de visita a un colegio al que íbamos Andrea Valbuena y yo a dar una charla. Me quedé fascinada con el verde de los arbustos que abrían el camino de la carretera. Estaba impresionada, pues nunca me había parado a pensar que existieran lugares así de bonitos y accesibles en la capital. No se parecía en nada a la ciudad que yo conocía hasta ese momento.

Después de ese viaje, fui poco a poco olvidando el ansia por exprimirla y aprendí a vivirla de otro modo: sin prisas, con cierto cuidado, incluso. Cambié la mirada y empecé a disfrutar más de los paseos que de los extremos del camino. De repente, existían otros barrios, un Madrid totalmente distinto. Había otras calles largas y extensas, con tiendas pequeñas de horario fijo que cerraban a su hora, árboles frondosos y protegidos, personas mayores haciendo la compra a paso lento. Había parques llenos de perros felices, un aire menos contaminado, bares clásicos con su menú del día por diez euros y sus parroquianos clavados en la barra.

Madrid es mucho más que lo que hay dentro de la M-30. Es mucho más que una gran avenida llena de tiendas enormes, de restaurantes abarrotados, de atascos interminables. No es justo reducirla a una maqueta sin personalidad donde solo destaca lo que se conoce. ¿Y qué hay de todo aquello que no está a la vista? No me cabe duda: los tesoros hay que buscarlos. Para mí, esta ciudad es un lugar ruidoso con rincones de silencio.

Cuando necesito compañía, piel, voz, sé qué sitios me acogen sin preguntas ni condiciones.

Cuando quiero aislarme, me voy en búsqueda de todo lo que aún me queda por descubrir.

Mi balcón favorito

Hoy, que abandona el calor, que el frío vuelve a las calles de Madrid, que las motas de polvo bailan suspendidas entre los jerséis de lana al sacarlos de los cajones, que a los termómetros apenas les quedan fuerzas para subir un par de grados, que las mantas desocupan armarios y acarician nuestras manos, las mismas que vuelven a buscarse, que vuelven a necesitarse.

Hoy, que recuerdo tu nombre y que te llamo, por si acaso.

Hoy, que piden las abuelas por nuestro abrigo, que buscamos con la nariz la llama del mechero al prender el cigarrillo, que duelen los pies al pisar el mismo asfalto que antes nos asfixiaba, que los abrazos a los desconocidos duran uno, dos segundos más.

Hoy, que pensamos en los que duermen en la calle y nos lamentamos lo que dura un café, el mismo que nos saca de las carreteras, que nos duelen los huesos de las rodillas aunque no pasemos de los veinte años, que no cedemos el asiento, nunca, que nos añadimos dos o tres kilos a la espalda, aunque nuestra fuerza sea cada vez menor.

Hoy, que las playas se vacían de fotografías y solo quedan aquellos que quieren huir sin saber si llegarán a algún sitio, sin saber si en ese sitio quedará espacio, sin saber siquiera si pasarán del hambre de la tercera ola.

Hoy, que los planes se reducen a cerrar con llave la casa, peinarnos las canas, encender las facturas cada vez más caras e imposibles y esperar a que vuelvan los nuestros, nuestros hijos, nuestros nietos, porque un mal viento puede llevarse por delante ocho décadas de vida.

Hoy, que todo corta, que todo es fuera, que no queda nada dentro, que todo lo que queda cuesta.

Hoy, que recuerdo tu nombre y te llamo, por si acaso, y que recorro andando despacio, por si acaso también, aquella media hora breve que se volvió interminable y que separa nuestras vidas, y que me quedo quieta en tu puerta mientras pienso en cómo se congelan los recuerdos, con qué facilidad se enfrían los labios cuando los besos tardan un poco más de lo esperado, de qué modo se hiela todo un mar, y que me vuelvo a casa, por si acaso sales, por si acaso te veo, por si acaso vuelvo a tropezar.

Hoy, que el invierno se adelanta, recuerdo aquel balcón de la calle Lavapiés, lleno de flores, de árboles frondosos con nombre de verano, de pétalos de tantos colores como el restaurante hindú de abajo, alegre como la algarabía del barrio, vivo como los besos que te daba cada vez que pasábamos por debajo y te decía: «Este es, este es mi lugar favorito del mundo, mi balcón favorito de Madrid», ese mismo que hoy yace vacío, completamente abandonado, deshabitado de color y riego, sin rama de helecho que se cuele por los barrotes defendiendo la libertad, la misma que sentía al levantar la cabeza y verlo durante esos días de mi vida tan fríos, esos en los que caminaba sola por debajo de mi balcón favorito de Madrid.

De aire y asfixia

El cuarto piso en el que viví estaba en Lavapiés, en la parte más tranquila del barrio. Era un bloque de construcción nueva del que no tardaría en descubrir, una vez firmado el contrato, que escondía una especulación abusiva. Los propietarios reformaron todas las casas y dejaron habitando en sus hogares de siempre a dos señoras ya mayores, como si el hecho de permitirles vivir allí sus últimos años los convirtiera en mejores personas. Les subíamos la compra cada vez que teníamos oportunidad, en un intento de hacerles la vida más fácil. Estuve un año. Me negué a contribuir a la subida de alquiler de casi trescientos euros del año siguiente que terminaría por destrozar el barrio.

Venía huyendo de una casa donde la felicidad de los primeros años terminó dando paso a una asfixia casi crónica. Creo que si me hubiera quedado allí más tiempo, las raíces me habrían atado los pies y no habría conseguido salir nunca.

A pesar del cambio, tardé unos meses en librarme de esa sensación que una tiene cuando huye y cree que todo lugar que ocupa es una cárcel sin barrotes. El timbre de la puerta era un sobresalto continuo, la calle estaba llena de fantasmas que me llamaban y se escondían y en la azotea compartida olfateaba cada noche el aire que me faltaba en casa. Sin embargo, y gracias al tiempo, terminé siendo feliz en ese lugar. Celebré cumpleaños con gente que hablaba en otro idioma y me regalaba experiencias extrasensoriales, me bañé en un jacuzzi vecinal con mi perro, grabé con mis amigos un documental que nunca se emitiría y limpié mi cuerpo haciendo un amor sano en cada rincón.

Cuando me fui de allí, buscaba un lugar con mucha luz, nada de ruido y, a ser posible, con un balconcito de esos madrileños tan típicos donde apenas cabe una mesita con una planta y una silla y pasan las horas algunas tardes de primavera, tranquilas. En el piso de Lavapiés tuve suerte: mi vecino de enfrente, que vivía en un salón con una biblioteca envidiable, tocaba el saxo cada tarde. Era un placer absoluto escucharlo después de comer, en ese momento en el que el tiempo se ralentiza. Un par de bloques más lejos, vivía una señora mayor que salía todas las mañanas a su balcón a tirarles migas de pan a los pájaros. Era fácilmente reconocible, ya que los llamaba con una voz aguda y conversaba con ellos mientras los alimentaba. Seguramente recibió más de una queja, pero a mí me pareció siempre una estampa entrañable, cuidadosa. Recuerdo también a la anciana que vivía enfrente y veía la televisión por las noches a un volumen por encima de las

16 5 '98

Cuántas veces miramos de reojo los lugares
en los que dejamos de ser felices.

posibilidades de cualquiera, hasta el punto de que los vecinos propusieron recaudar dinero para regalarle un audífono. Según me contó la mujer del piso de abajo, vivía sola, estaba sorda y no tenía hijos. ¿Qué habrá sido de ella?

Desde aquel balcón, también, fui testigo de numerosos dramas sentimentales de madrugada. Voces, a veces, llantos, otras. Parejas que rompían y cuyos trozos quedaban esparcidos por la acera a la mañana siguiente. Que los comprendía, no es secreto. Todos, en algún momento, nos hemos visto ahí.

A veces me pregunto cuántas calles prohibimos, cuántas nos duelen, cuántos atajos inventamos para no volver a pasar por los sitios que nos aceleran el pulso, cuántas veces miramos de reojo los lugares en los que dejamos de ser felices.

Sea como sea, en ese balcón, y en todos los que he habitado, he salido más de una vez a recuperar el aire que me faltaba en casa. Por eso son tan importantes para mí.

El caso es que no encontré un piso con balcón, pero sí uno con un patio amplio, de carácter industrial, con bastantes posibilidades. No lo dudé y firmé por él. Cambié de barrio —en otro momento escribiré sobre él— y de hogar. Ya no hay ruido, pero sí una sensación de estar siendo observada que he aprendido a ignorar, ya que el patio da a una fachada alta llena de ventanas que se iluminan como luciérnagas por las noches. Viento, mi perro, corretea feliz por él. Hay tardes en las que sale, se sienta, y observa callado —no sé si con nostalgia por lo que sabe que no conoce o si con la consciencia de que ahí afuera pasan cosas constantemente—. Yo, a veces, lo acompaño y miro sin que me vean, tratando de averiguar las cosas que pasan dentro de cada uno cuando la puerta se cierra y se abren las ventanas, los balcones, los patios.

La ternura de sus ojos color hierba

En mi casa ya no existe un balcón donde salir a coger aire ni una ventana al exterior por la que se pueda estirar el brazo y estar a punto de tocar las flores de los árboles. Ya no existe nada de eso, como tampoco existe una vecina que comparta su pan con las palomas, así que he de buscar la ternura en otros lugares.

Ahora todo es mucho más silencioso, la luz entra con la amabilidad que permite la sombra y las vistas son hacia dentro, como si la vida o el azar me pidiera introspección.

En mi casa de ahora hay un patio amplio, con un muro de altura media que lo separa de los contiguos, pero no impide el salto (lo cual más de una vez me ha facilitado no tener que llamar al cerrajero). En una de las paredes, cubierta por un techito, coloqué unos azulejos que rezan: CASA TANGO, el perro de mi vida, porque por él me mudé de barrio, de balcón y de parque: quise darle tranquilidad los últimos días de su vida. *Tranquilidad*: creo que era nuestra palabra favorita. Ahora es Viento quien lo ocupa, quien salta en él como nunca saltó Tango, quien se queda quieto mirando quién sabe dónde, quizá pensando en cómo sería el perro que me hizo enamorarme de todos los perros del mundo. Después me lame la nariz y la vida sigue, quizá un poco más triste, pero sin duda mucho más comprendida.

Poco a poco, y sin darme cuenta, esta casa que alquilé para dos se ha convertido en una casa de tres. Convivo con un rayito de luz que todo lo que desordena en las habitaciones lo coloca dentro de mí, así que no me puedo enfadar demasiado con ella porque es muy importante cuidar a quien nos cuida. Ella

Cuando se me olvidan los colores, salgo al patio y ahí los tengo.

dice que la casa todavía no es suya, así que se ha adueñado del patio y lo enseña con orgullo a las visitas. Se arremanga y pasa los fines de semana libres trabajando en él, recortando los tallos de las plantas que han ido llegando a mi vida para ocupar los espacios vacíos, limpiando la tierra, trasplantando flores de un sitio a otro mientras escucha alguna canción antigua, bajo los celos de un Viento que mordisquea las hojas porque no entiende que les haga más caso a las macetas que a él.

Hoy, el mismo patio grisáceo e industrial que alquilé hace más de un año se ha convertido en un puesto de plantas similar a los del Rastro (a veces le digo que le faltan las etiquetas con los precios). Cuando se me olvidan los colores, salgo y ahí los tengo: blanco, verde, rosa, amarillo, rojo, morado. Ella cuida de mi peral y de mi olivo y protege su lavanda, la cala que le regaló mi abuela, dos jazmines que me alegran las tardes cuando llueve, geranios, dos girasoles que crecen contra todo pronóstico y una gardenia a la que canta porque se parece a su madre y es su favorita, entre muchos otros. Su cuidado por las plantas me recuerda a la ternura de aquella anciana que alimentaba a las palomas con constancia y sin esfuerzo.

Cuando quiero olvidarme del gris, solo tengo que preguntarle por su patio para recordar todos los colores. Cuando quiero salir a respirar, solo tengo que mirarla a los ojos para encontrar aire.

Los cuerpos del frío

Mi amiga Vero, que está pasando unos días en casa, llegó y dijo: «Hoy se han quedado veintitrés en la calle». Esa frase se hizo punzón y me pinchó la piel de una manera muy lenta. Trabaja en una ONG que se encarga de mejorar la calidad de vida de las personas refugiadas y durante los meses de invierno se acentúa su labor. En noviembre comienza una realidad que hiela: es un refuerzo, un abrigo, de aquellas personas sin hogar que viven en la capital durante los meses de invierno.

Pienso en otros pisos que habité y en las veces que me lamenté por no tener calefacción y el pinchazo insiste.

Pienso en las veces que me alegré porque las temperaturas bajaran, por sacar las mantas del armario y hacerme un ovillo protegido en el sofá, por ese abrazo que dura un poco más de lo establecido, por colocar a mi perro encima de mis piernas para que me temple, porque en realidad lo que a mí me gusta del frío madrileño es el calor, esa búsqueda incesante por encontrarse en las guaridas que fabricamos para no sentirnos expuestos. Y el pinchazo crece.

Pienso ahora en aquellos que Vero intenta cuidar hasta donde puede, esa labor con los invisibles que nunca protestan. Leo un comentario a propósito de la nueva Gran Vía que se queja de que los «mendigos no dejan pasear tranquilamente a los peatones» y no sé si siento tristeza o rabia. Creo que últimamente son dos emociones que se entrecruzan, que ocupan una gran parte de mi cuerpo contra la que no puedo luchar y no me permiten caminar erguida. Lo que no entiendo se hace hueco dentro de mí hasta que lo resuelvo. El mundo cada vez me pesa más.

Vero también trabaja con refugiados, personas que tienen que abandonar su país de un día para otro sin idioma, sin familia, sin dinero, sin trabajo, sin casa. Gente que llega a una

Europa que los acaricia con una mano mientras los señala con la otra. Le pregunto y me cuenta que hay huidos de países en guerra, mujeres que vienen de América Latina, homosexuales perseguidos por sus gobiernos acusados de amar a quien no deben, de latir por quien no pueden. Historias que nos suenan tan lejanas que vuelvo a pensar en ese frío absurdo que nos gusta porque no pensamos en los que no lo resisten. En una ocasión, un refugiado camerunés le dijo a mi amiga, a raíz del virulento giro a la derecha más radical que nos persigue estos días: «Se avecinan más cuerpos en el mar».

¿Quién puede huir de esas frases?

¿Quién puede quedarse impasible, inactivo, más frío que nunca al escucharlas?

¿Quién puede asegurarnos que nuestros hijos no tendrán que nacer en otros territorios, que no me apresarán si beso a una mujer, que no tendremos que acudir a un albergue que nos dé techo por la noche, que ningún hombre que decida adueñarse de mi cuerpo saldrá impune, que no tendremos que lanzar a nuestros bebés al mar y meter nuestras casas en una bolsa de basura?

¿Quién puede decirme que eso no va a suceder?

¿Quién puede decirme que eso no está ya sucediendo?

Y, de repente, Lío

Estoy pasando la mañana en el Retiro, en la zona canina (una de las pocas que hay en Madrid capital). Es domingo y llevo desde el miércoles pensando en este momento. A veces peco de celeridad, pero me pueden las ganas de que ocurran cosas emocionantes. Así atravieso mejor la semana, la cruzo con pasos gigantes hasta llegar al día esperado. No vayan a pensar que hoy ocurre algo extraordinario: lo de hoy solo le emociona a él. Y como yo lo sé, pues también me emociono.

Mientras Viento vuela como una flecha por el parque, rebozándose en todos los charcos de barro que encuentra, yo me siento al sol en uno de los bancos y observo. Veo un perro minúsculo con un abrigo acolchado acompañado de una mujer de mediana edad que le apremia a que juegue con los demás. El pobre lo intenta, ladrido mediante, pero los más grandes apenas lo olisquean y se marchan rápido. Entonces la mujer comienza a correr por el parque para que su perrito la siga y se entretenga con ella. Veo dos galgos con sus respectivos collares diseñados para cubrir sus largos pescuezos. Me imagino a su humano rescatándolos de un pasado de caza obligada, quizá de rechazo. Viento los persigue y ellos, como si tuvieran entrenado el movimiento, lo bloquean y se tiran juntos al suelo. En ese momento, mi amiga Berta escribe un mensaje al grupo: está preocupada porque se ha ido de viaje y Uma se comporta raro porque está triste. Todas intentamos restarle importancia, pero la entendemos. Levanto la mirada. Hay un señor haciéndole fotos a su perra, que no para de ladrar porque lo que quiere es la pelota. Hay una mujer gritándole «te quiero» a su perro. Parece que está sola, que nadie la mira con extrañeza. Y es verdad. Nadie la mira así porque todos hablamos a nuestros perros, todos conocemos sus miedos y los evitamos. Así los cuidamos y los protegemos.

Y, de repente, Lío entra en el parque, justo cuando nos íbamos a ir. Viento deja a la perra que le está gruñendo y se lan-

Viento en el Retiro.

za hacia él. Yo lo miro y lo reconozco: es un perrito que conocimos hace unos meses en el parque de casa. Lo habían abandonado en la carretera, así que apoyé mucho la difusión de su caso. Al final, gracias a la protectora La Madrileña, encontró una familia maravillosa que le acompaña hoy en el parque. Han pasado seis meses y el reencuentro no puede ser más emocionante. Se huelen, se reconocen y empiezan a jugar como locos.

Se acercan las Navidades. Y habrá familias que quieran por fin hacer ese hueco en el sofá a un animal y esperar con ansias, igual que yo, el fin de semana para darles a sus perros ese rato de libertad, juego e instinto.

No voy a insistir: no abandonen.

No voy a hacerlo: no compren.

No voy a repetirlo: adopten.

No hay más.

Vuelvo al banco y me siento. Decido regalarle a Viento un rato más en el parque.

INVIERNO

Navidad feliz

Siempre paso Navidad en Segovia, con mi familia, a la que veo agrandarse poco a poco, ya que aparecen parejas estables y de un año para otro somos uno, dos o tres más en la mesa. Normalmente son novios silenciosos que de pronto se encuentran en una mesa para diez donde entran veinte y hablan por treinta —esa frase podría resumirnos—. De pequeña sentía esa emoción que tienen los niños más afortunados, esos que pueden disfrutar de regalos y comidas copiosas como si fuera algo sencillo. Es inevitable que esa ilusión vaya menguando según vamos siendo conscientes de la realidad, sobre todo por aquellos que no pueden vivirlo de la misma manera. De adolescente, y sin motivos aparentes, mis Navidades se cubrieron de un halo de nostalgia y melancolía que me hacía pasar las vacaciones taciturna, encerrada en mis poemas. Lo recuerdo con gusto: como he dicho alguna vez, necesito de esos ratos a menudo. Cosas de poetas, qué sé yo.

Últimamente, las Navidades han sido más raras. Hace unos años pasé un mal momento sentimental así que encontré en ellas cierto consuelo. Las de 2018 fueron las peores, ya que

en el momento más inesperado mi perro Tango falleció y mi abuela pasó el último día del año en el hospital. Dos huecos en la mesa a los que conseguimos sobrevivir apretándonos los cuerpos los unos a los otros con más fuerza. Este año, sin embargo, he tomado una decisión: me voy a dejar contagiar por la emoción de quien más disfruta de estos días en casa, mi hermana Irene. Ojo: os hablo de alguien que me despierta el día de Reyes a las ocho de la mañana para abrir los regalos (los suyos son siempre los mejores).

También me gusta Madrid en Navidad. Las luces, la gente que se ríe, familias de turistas disfrazadas por la Gran Vía aunque sea solo principios de diciembre, los villancicos sonando en la lejanía y atrayéndonos a todas las tiendas posibles. El otro día me fui a dar una vuelta por algunos mercadillos madrileños como el del mercado de la Cebada, el de El Paracaidista, otro en Corredera Baja de San Pablo... Terminé con dos pijamas idénticos que me llevo a Segovia porque adivino la sonrisa de mi hermana desde lejos y quiero que se sienta feliz.

Este año será especial, ya que está Viento y, además, seremos una más en la mesa de mis abuelos. Viene Aura y es de Venezuela. Es amiga de mi hermana y la ha invitado a pasar las Navidades con nosotros porque no puede ir a su país. Obligan a su familia a separarse y a repartirse por el mundo, allí donde todavía quedan pequeños atisbos de libertad. En medio del sentimiento de horror por su situación, me alivia porque me imagino la tranquilidad de sus padres por saberla acompañada; porque mi familia abarca mares y ríe a lo grande y tenerla al lado nos va a cambiar a todos; porque sé que esos días va a ser feliz con nosotros y creo que ella, más que nadie, se lo merece.

A veces es tan fácil como apretarse un poco más en la mesa para darle su silla a quien lo necesita o rellenar los huecos vacíos.

Orgullo

Tengo una suerte peculiar, y es que para mi trabajo solo necesito, en líneas generales, un ordenador, una superficie donde apoyarlo y un espacio donde tratar de poner la espalda recta mientras tecleo. También preciso de un silencio de ambiente que solo pueda romper una buena canción, luz natural y pocas distracciones, pero eso ya es más complicado de conseguir. Mi horario es mío —bueno, del acelerómetro de mi cabeza— y mi ansiedad también. Las órdenes las moldeo a mi manera, puedo decir «no», no tengo vacaciones y me conozco mejor las medidas de mi maleta de viaje que las de la tarjeta de fichar. Sobra decir que la desconexión, en mi caso, no existe. Sin embargo, hay una ventaja fundamental en todo el trajín del oficio de escritor que para mí supera las desventajas asumidas: puedo pasar las Navidades en mi casa de siempre, en Segovia.

En mi círculo la cosa varía: hay estudiantes con vacaciones navideñas; también quienes viven en Madrid y se organizan con madrugones con tal de pasar alguna de las fechas señaladas por aquí; otros, funcionarios solo libres cuatro días; algunos jubilados y otros a punto que gastan sus últimas ausencias forzadas de la mesa; los hay quienes hacen equilibrio para colocar las guardias en los días menos codiciados, aunque siempre hay alguno que sacrificar; no faltan los que se marchan

Mi horario es mío (y mi ansiedad también).

obligados a la oficina madrileña aunque no haya nada que hacer y tampoco quienes pasan estos días haciendo las maletas, pues empiezan el nuevo año en otra ciudad más lejana y la cuenta atrás, en su caso, es más real. Yo los observo y los escucho hablar sin intervenir. Me enseñan la palabra *sacrificio* y también la palabra *empatía*, pues todos nos colocamos de tal modo que la facilidad sea mayor y esperamos su regreso con la misma felicidad con la que nos alegramos cuando triunfan.

El otro día pasé por la estación de Atocha y me fijé en los jóvenes que abarrotaban los pasillos. Jóvenes emigrantes que llegan a Madrid y encuentran el miedo de sus padres, también su satisfacción y esa hambre que a veces se pierde al hacerse mayor. Ellos no son estudiantes, pero tampoco adultos. Llegan a la capital desde distintos puntos: Andalucía, Castilla y León, Extremadura, Galicia... Viven en pisos minúsculos, trabajan en multinacionales y van con su primer traje a reuniones donde solo escuchan. El sueldo es mínimo, el horario, estrambótico, tienen cesta de Navidad pero no les dan vacaciones completas y guardan en la cartera una promesa de dejar de ser becario antes de verano. Regresan a casa con la acreditación de la compañía telefónica, con la mochila de la empresa de auditoría, con el cuaderno de la tienda de muebles o con el bolígrafo del banco donde pasan las mañanas, y sus padres los abrazan con orgullo, dispuestos a pasearlos por el pueblo con el pecho hinchado aunque todavía no sepan bien lo que hacen, lo que les habrá costado pedir esos días para estar con ellos, las penurias que pasarán para cubrir el alquiler, los cuerpos flacos que se esconden debajo del traje.

Son mis primos, mis amigos, mis conocidos. Es una parte de mi generación: los «afortunados» que consiguen trabajo.

Y yo también, aunque me enfade con un mundo que trata de minar a los jóvenes, me siento orgullosa de ellos.

Mi casa elegida

Te echo de menos, Madrid.

Hay muchas personas que te detestan, que piensan que eres una ciudad saturada, llena de ruido molesto y gente con prisa. Que solo tienes conciertos multitudinarios, espectáculos de fuego y parques de atracciones. Que únicamente sirves de paso para alcanzar otros destinos y que eres, de manera irremediable, una casa por accidente, el sitio donde el trabajo aflora y de donde huyen cuando el tiempo se libera. Muchos te ven como una gran nube gris, peligrosa en las esquinas, cansada y envidiada al mismo tiempo, casa de muchos y hogar de pocos. Hay quienes desmerecen tu asfalto porque desconocen que tu mar es otro.

Lo reconozco. La primera vez que llegué a ti, lloré. A menudo, muy a menudo, me he alejado para mirarte desde lejos. Otras tantas he querido gritar y olvidar tu ruido. También he maldecido tus calles grandes, tus barrios amplios, tantas esquinas donde no poder encontrar de repente los besos que buscaba. He necesitado tomar aire, otro aire, y expulsarlo en ti. Irme para volver. Marcharme para aprender a buscarte. Cerrar los ojos para verte.

Pero yo conozco tu silencio, ese que suena cuando se prenden las farolas a media tarde. Lo he buscado, lo he necesitado y lo he escuchado. Recuerdo los días en los que me sentía tan minúscula que salía a buscarme entre la gente: cuantas más personas había, más protegida me sentía. Y recuerdo, también, lo fácil que era dar con tus escondites cuando quería hacerme invisible. Tú siempre tan amable, tan dispuesta.

Pienso a menudo en aquel viaje en el que llegué a ti buscando un amor que nunca fue para que fueran otros. Apenas cumplía veinte años y tenía ganas de comerme el mundo empezando por ti. He conocido tu noche, me he dejado la piel en ella y he preferido saber a qué hueles cuando todo el mundo duerme. Después, he salido de mi habitación para que me enseñes los siguientes pasos. He visto cómo levantaste el mismo puño millones de veces ese bendito 8 de marzo, he hecho historia a tu lado en la Puerta del Sol cuando nadie creía en nosotros y he encontrado en ti la defensa que me negaban en otros lugares. He celebrado los atardeceres desde Tirso de Molina, cobijada entre las flores. Son tus calles las únicas en las que retraso la vuelta a casa porque ya me siento en casa cuando paseo por ellas. Eso solo me pasa contigo.

Me has dado amor profundo y real, me has dado ilusión de la que daña, me has dado pasión incontrolable y una libertad que defenderé hasta que muera, me has dado tristeza absoluta y también la manera de comprenderla, me has dado la nostalgia que se enciende con las farolas por la noche, me has dado rabia y la fuerza necesaria para combatirla, me has dado voz, me has dado palabra.

Hoy te escribo desde otro sitio donde estoy cogiendo aire, todo el que puedo, para soltarlo en tus pulmones y empezar, de nuevo, a tu lado, otra vez, porque sigo con hambre y porque hace tiempo que dejaste de ser una ciudad por accidente y te convertiste en mi casa elegida.

Porque yo sí que te echo de menos. Pero siempre vuelvo. No vayas a olvidarte nunca de eso.

Detalles

Ya he vuelto a Madrid. Todo sigue igual —es una de las particularidades de esta ciudad: siempre te espera, como si el tiempo no hubiera pasado, paciente y sin encores—. Las plantas estaban algo mustias y mi perro no lleva del todo bien el fin de las vacaciones y de las atenciones familiares, pero por lo demás todo está en orden. Me he reencontrado con mis amigos, hemos vuelto a las noches de vino y programas de cotilleo, he vaciado el buzón —lleno de libros y de alguna felicitación navideña—, el trabajo olvidado saltaba alegre sobre la mesa y mi agenda vuelve a estar llena de puntitos todos los días. Ya he vuelto.

Como aún estoy algo aletargada, he pospuesto un par de asuntos y me he ido a dar una vuelta por el barrio, mi barrio, que tanto me gusta. Hui de Lavapiés agobiada por un alquiler que se multiplicó de un año para otro sin razones aparentes. Me negué a formar parte de ese canibalismo inmobiliario que sigue creciendo indomable y me largué. Cada vez más ruido, cada vez más basura, cada vez más edificios. Dejé de ver los árboles desde mi balcón, así que vivir allí pronto dejó de tener sentido. Disfruté de Lavapiés durante seis años que pasaron como un soplido por mi juventud. No me malinterpreten: me sigue gustando, disfruto de sus bares y del olor de las calles, sigo yendo a comer mi tortilla de patatas favorita (cuánto placer te debo, Peyma) y aún siento ese pinchazo cuando paso por debajo de las dos casas que habité: la boca se me seca y por un instante Madrid huele diferente. Pero Lavapiés ya no es para mí.

La cabeza empezó a pedirme otra cosa: aire, calles amplias y limpias, tiendas de barrio, familias jóvenes y ancianos de la

*Un lugar con lo de siempre porque lo de siempre
es lo único que necesitamos para vivir.*

mano, conversaciones sobre el tiempo en las esquinas, parques verdes con olor a arbusto mojado y tenderos que fían. Así di con Acacias: un barrio tranquilo, sin pretensiones, con niños que juegan a la pelota y personas mayores que conocen tan bien las calles que saben cuál es el mejor banco para sentarse al sol y charlar de esto y de lo otro.

En mi barrio hay un chico joven afroamericano que canta todas las mañanas en la parte trasera del supermercado más próximo y que siempre sonríe. Es amable y saluda con una sonrisa sin dejar de cantar. La camarera del bar de abajo me guarda los paquetes cuando no estoy en casa —y no son pocos—. El farmacéutico que trabaja una calle más allá me reserva siempre que puede las medicinas recurrentes sin que tenga que pedírselo porque sabe que las necesito. La gente del parque es amable, me mira con comprensión cuando mi perro no me hace caso y no duda en conversar sobre cualquier cosa o en ponerse a mi lado para observar a los animales con media sonrisa, de esas que tienen las personas que me gustan.

Soy feliz aquí. Encontré lo que venía buscando.

Al fin y al cabo, eso es lo único que necesito que tenga un barrio: detalles humanos que me hagan olvidar la gran falta de ellos que hay en el mundo y un lugar con lo de siempre porque lo de siempre es lo único que necesitamos para vivir.

Un rumbo señalado

Antes de llegar a Madrid solía caminar mirando al suelo. No sabría explicar el motivo. Desde luego, no lo hacía con el objetivo de no tropezarme o no caerme, pues la torpeza es algo que me acompaña desde siempre. Era por otra cosa. Creo que me permitía ensimismarme, caminar por mi mundo sin obstáculos. Pensar en mis cosas con lentitud mientras afuera el mundo continuaba su camino sin contemplaciones. Siempre me ha gustado pasar desapercibida, que el foco de luz se centre en otro sitio y que nadie perciba mi movimiento. Me siento más segura así.

Sin embargo, al llegar a Madrid no pude bajar la cabeza. Lo contemplaba todo: los edificios prominentes de fachada majestuosa; los semáforos que se elevan como brazos de grúas musculosas; la iluminación estridente que chilla desde los anuncios puestos en alto; las azoteas desde las cuales uno adivina la ciudad entre las nubes y la polución; las luces que cuelgan tendidas del aire y se balancean según el antojo del viento; los andamios frágiles en los que obreros fornidos se cuelgan como si fueran hojas conocedoras de su dirección. La ciudad se despliega en sus alturas como otro lugar distinto, uno en el que ocurren ciertos asuntos que solo pueden tener lugar en la cima.

Es así. Hay ciertas cosas que uno solo puede ver cuando levanta la mirada. Y no hablo de manera metafórica, que también. ¿Qué es lo que se ve cuando se mira hacia arriba? ¿Qué te encuentras al observar los balcones de las casas, las ventanas de la gente, las cortinas entreabiertas a hogares que nunca conoceremos? El otro día quise fijarme y vi un salón tardío con un árbol de Navidad de tamaño medio, que con toda probabilidad pertenecía a algún nostálgico de los tiempos mejores; vi un balcón con una bandera LGTBI colgada que tenía aspecto de haber sido usada en muchos encuentros, en muchas manifestaciones, en muchos besos, y que adornaba con sus co-

La ciudad se despliega en sus alturas como otro lugar distinto,
uno en el que ocurren ciertos asuntos que solo pueden suceder en la cima.

lores una calle gris y olvidada que bien podría ser el mundo; vi un cuarto de pocos metros cuadrados lleno de colchones y sábanas arrugadas, probablemente de una familia sin recursos y sin vivienda digna, y luego vi un salón imperial, con una lámpara de techo antigua y cuadros de dos por dos en la pared, y no entendí bien el porqué; y al final vi también a una anciana tendiendo ropa de bebé, prendas minúsculas que le reconcilian a uno con la ternura, y pensé que la felicidad de aquella abuela tendría el tamaño exacto de las manos de su nieto o de su nieta.

Ahora me gusta mirar el rastro de polvo que dejan los aviones en el cielo. Son como una especie de ayuda, de rumbo señalado. Me recuerdan que el movimiento existe, a pesar de que hay cosas que se mantienen estáticas por siempre. Madrid me ha levantado la mirada y me ha marcado el camino.

Cuando una librería cierra, una ventana desaparece

Algo triste sucede cuando una librería cierra.

No es pasajero ni tampoco casual: es algo sintomático propio de una sociedad herida de muerte. Las librerías no son un establecimiento más: son el lugar en el que se reúne el saber, la cultura, la información, el entretenimiento. Son, junto a las bibliotecas, el sitio en el que uno se alimenta, donde la mente y el pecho crecen fornidos, sanos, preparados. Los libros forman parte de nuestra educación sentimental. No es fortuito que las cubiertas de los libros tengan forma de puerta. Eso es lo que son: una entrada a un sitio siempre mejor.

No soy capaz de contar las veces que un libro me ha salvado de mi propia vida ni las que me ha enseñado qué hacer para salir a flote. Tampoco puedo enumerar las ocasiones en las que me han llenado de alegría y aventura. Tengo un recuerdo muy claro de cuando era pequeña y que rescato, a veces, cuando los días me ahogan: los viernes por la tarde siempre subía a la biblioteca de Segovia después de comer y me pasaba toda la tarde leyendo hasta que llegaba la hora de quedar con mis amigos. Después, volvía a casa y seguía leyendo. No tenía nada más que hacer, nada en lo que pensar, ninguna obligación que cumplir: solo leer. La cabeza no ofrecía espacio para preocupaciones de adultos, para quehaceres futuros. La vida se presentaba como un manto limpio delante de mí. Esa sensación tan lejana ya me produce un bienestar incomparable. Sé que no volverá a repetirse, pero tampoco quiero. Está ahí, viva, dentro de mi memoria.

Recuerdo una de las librerías que cerró hace poco en Madrid: la más antigua de la ciudad, la librería Nicolás Moya, fundada en 1862. Hay algo romántico unido a los negocios más longevos de las capitales, una especie de deferencia por lo caminado, como el respeto que les debemos a nuestros mayores. Cuando esto falla, y una librería quiebra por la falta de ventas debida a una injusta imposibilidad de batallar contra las plataformas online, la ciudad se oscurece ligeramente, lo suficiente como para tener que buscar la luz en otro sitio. Estoy a favor de las facilidades de internet, pero no quiero vivir en un mundo en el que mis hijos no lleguen a conocer la sensación tan fascinante que da entrar en una librería ante ese abanico de oportunidades que le ponen a una nerviosa hasta que llega un librero o una librera amable que soluciona el dilema y da con el libro perfecto. Olfatear los libros más antiguos, agacharse y escoger uno entre cientos, repasar con el dedo índice el abecedario hasta llegar al elegido, releer contraportadas sin prisa, sonreír de medio lado al recordar una lectura, escuchar la recomendación del que está al lado, pensar en alguien importante al cruzar los ojos con un título especial. Eso, permítanme que les diga, no existe en la red.

Me contaba la dueña de la Librería del Mercado, en Lavapiés, que todos los fines de semana tenía un libro preparado para un niño que iba a visitarla, ávido de historias. Sus padres le decían que los libros eran muy caros y no le daban dinero para comprárselos, así que ella le prestaba una lectura y un rincón del local y allí pasaba las horas. Mientras, ellos, impasibles y despreocupados, se gastaban el dinero en el bar de enfrente.

Hay cientos de historias similares protagonizadas por libreras, por bibliotecarios, por maestras. Yo, por ejemplo, nunca me olvidaré de Cele, mi maestra del colegio, quien ponía a mi disposición todo tipo de libros a última hora de la clase mientras el resto jugaba. Eran grandes, coloridos. Recuerdo especialmente uno que hablaba sobre los planetas y el sistema solar. Tampoco me olvido de las bibliotecarias de Segovia que hacían la vista gorda cuando usaba el carné de adulto de mi padre. O del librero de Entre Libros, amigo de mi padre, que se aseguraba de tener siempre los títulos que le pedíamos.

No siempre se encuentran los libros en casa, por desgracia. Y si nos cargamos las librerías, y si nos cargamos a los libreros y libreras, ¿quién nos va a descubrir el maravilloso y necesario mundo de la lectura?

«La niña es así»

«La niña es así —le dijo mi madre a mi abuela hace unos días—. Le gustan los cambios y no se puede estar quieta.» Le acababa de contar que me mudaba por quinta vez en el tiempo que llevo en la capital. Es cierto: puede parecer algo patológico, incluso alguien podría pensar que no tengo claro mi hogar o que me cuesta echar raíces, pero no tiene nada que ver con eso. Mi hogar es otro, mi hogar respira y me acompaña vaya donde vaya. Para mí una casa es ese sitio en el que puedo vivir sin miedo. Una vez leí que no hay acto de mayor confianza que el de dormir al lado de alguien, ya que cuando lo hacemos somos inofensivos y podrían, si quisieran, hacernos cualquier cosa. El hecho de cerrar los ojos y entregarse al sueño mientras afuera el mundo sigue despierto no deja de ser un acto valiente.

El caso es que me he vuelto a mudar. ¿Los motivos? Una necesidad de cambio, de ampliar el espacio, de recibir la luz natural del día en el rostro y dejar de pensar un ratito, aire para mis perros, cielo sobre nuestras cabezas. Y empezar de cero. Creo que es importante hacerlo a menudo.

Lo de mudarse ayuda, también, a ser consciente de dos cosas: todo lo que se tiene y todo lo que se puede perder. Me gusta mudarme porque me hace conocedora de mis pertenencias, me ayuda a cerrar etapas y a deshacerme de aquello que arrastro de manera inconsciente. Para que os hagáis una idea: no me importa que mis perros destrocen algo que deje por casa (salvo excepciones, como las plantas o los libros). Me obligan, desde su inocencia exploradora, a mantenerla recogida y ofrecerles el orden que equilibra su instinto. Mientras

empaquetaba, pensaba: ojalá se carguen este objeto y así pueda cerrar la caja. Insisto: puede parecer algo patológico. Quizá lo sea.

Mi primer piso daba a Las Vistillas. Estuve allí dos años, quizá los más prolíficos de mi estancia en la capital. Después me fui a Lavapiés y, como ya he contado en alguna ocasión, estuve allí tres años en dos pisos distintos. Ambos con dos balcones a la calle en los que respiré de manera intermitente durante muchas noches. Cerré una etapa, cambié de barrio y llegué a mi cuarto piso. Hace unos días estrené el quinto: sin duda el más bonito, el más amplio y el que, de momento, más bienestar me produce. Justo enfrente hay una terraza de corte madrileño y estilo vacacional. Se ven unos juguetes y un toldo amplio bajo el cual, seguro, se refugian en verano. Tengo ganas de que llegue el sol y podamos saludarnos.

En algunas ocasiones, mudarse no es solamente cambiar de casa, es dar un paso hacia el sitio en el que quieres estar. Esta es la parte buena de mudarse: deshacerse de lo que ya no necesitas, hacer hueco a lo que está por venir.

Un golpe afortunado

La semana pasada tuve un accidente de tráfico. Fue el primero en mis veintinueve años de vida. Una colisión con una moto, yo iba en bici. Era de noche, venía de quedar con unas amigas a las que hacía tiempo que no veía y estaba contenta, feliz. Una de ellas me propuso llevarme en coche a casa, pero lo rechacé: suponía dar una vuelta importante y no estaba tan lejos.

Me gusta coger la bicicleta por la noche porque apenas hay tráfico por el centro, la iluminación es de color anaranjado y la ciudad parece otra. También me gusta pensar en las vidas de los conductores que aprietan el acelerador sin prisa. Quizá para algunos ese sea el único momento de pausa del día: el viaje a casa desde el trabajo. Para mí, a veces, también lo es. El tiempo se suspende en la carretera, se vuelve más amable y siempre es bonito conducir pensando que alguien te espera en casa. Sin embargo, para otros el resto de vehículos no son más que obstáculos y lo único que quieren es llegar lo antes posible, aparcar y subir a casa para dormirse ante otro día de rutina. Lo entiendo, porque yo también he estado ahí, y comprendo que la carretera solo es casa de los que huyen.

Ese día tenía la sensación de que iba a tener un golpe. Tanto en la ida como en la vuelta ese pensamiento martilleaba mi cabeza, pero no evitó que cogiera la bicicleta porque nunca me he hecho demasiado caso. El caso es que la moto me golpeó desde un lateral, en mitad de la rotonda de Ronda de Toledo. Yo entré en ámbar y él venía de un semáforo en rojo. Lo vi a la perfección segundos previos al choque y recuerdo que pensé que, por lógica, no me iba a dar porque debía de estar viéndome igual que yo lo veía a él. Pero me dio. Me caí y pudo pasar algo irreparable: un mal golpe en el cuello, un crujido en la rodilla, un pinchazo en la columna. El shock fue tan grande que no me percaté de que tenía la camisa llena de sangre. No obstante, tuve suerte, una suerte en forma de cicatriz que adornará en unas semanas mi mentón, diez puntos que me recordarán siempre que la vida es un juego de azar que consiste en colocarse en el lugar adecuado y en pensar en quien queremos cuando nos dejan de querer.

Fui a las urgencias del Clínico, donde me trataron con rapidez y excelencia a pesar de *no contar con*, de *no tener para*, de *no poder invertir en*. Fui y volví en taxi con dos conductores igual de amables que se preocuparon y se ofrecieron a acercarme a una farmacia *a pesar de*.

Al fin y al cabo, somos personas, ciudadanos que nos acompañamos y cuidamos los unos de los otros cuando no podemos por nosotros mismos. Mi agradecimiento a todos ellos.

Un lienzo en blanco

No he dejado de sentir nunca que estoy empezando.

Supongo que la suerte de dedicarse a ofrecer una pasión que resulta ser la pasión de otros tiene esa posibilidad: la de pensar todo el tiempo que esto es solo el comienzo.

Todo comenzó en Madrid, esta carrera hacia quién sabe dónde. He hecho balance y he recordado lugares y personas a quienes aprecio y con quienes he compartido escenario, confesiones, consejos y advertencias. Como aquel primer recital de poesía. Cogí un autobús desde Segovia con Andrea Valbuena y nos plantamos en la Sala Clamores. Recitaban Escandar Algeet y Benjamín Prado. Nosotras, admiradoras tímidas, escuchándolos desde la barra. Después, una noche inolvidable por Malasaña. No teníamos dónde dormir y la batería de nuestros teléfonos murió, pero esa es otra historia con un final feliz en El Brillante.

La música de autor llenó de música mis primeros poemas mientras los escribía. Primero, las canciones de Marwan —y su libro—, así como las de Luis Ramiro, quienes me hicie-

*Dos formas diferentes de recibir calor: de la cercanía
de los primeros recitales al fuego de un gran escenario.*

ron descubrir una emoción distinta, un pellizco de carne a carne. No me perdí, tampoco, ni uno solo de los conciertos de Carmen Boza, en los que, si una prestaba atención, podía ser capaz de descifrar las canciones y querer a la cantante. Diego Ojeda fue el primero en invitarme a hacer un recital conjunto, su música y mi poesía, en el mítico Libertad 8, donde tantas noches pasé observando todo lo que allí ocurría. Y, de repente, una tenía la oportunidad de conocer a Andrés Suárez en una exposición de arte, de escuchar a Zahara y a La Sonrisa de Julia en un concierto en la Costello, de emocionarse con Carlos Siles en la Contraclub o de hablar con Luis García Montero y Joaquín Sabina en Los Diablos Azules.

Un poco más tarde, fui yo la que se subió a un escenario, animada por amigos como Alejandro Rivera, Esther Zecco, Virginia Montaño o el talentoso Manu Míguez, quien me sigue acompañando en los teatros. La primera vez ocurrió en el café Galdós: un micro abierto, los mechones del pelo por la cara y las manos temblorosas.

Juré no repetir.

Pero lo hice: en Los Diablos, animada por Carlos Salem; en el Teatro Alfil, acompañada por mi querido Dani Hare; en la Sala Galileo, con Adriana Moragues (quien tanto tuvo que ver en todo); en el María Pandora, en un recital de multitud de poetas (Sara Búho, Lena Carrilero, Irene X...) en una noche inolvidable. Y perdí la vergüenza, escuché a quienes me escuchaban y aprendí, poco a poco, a disfrutar de algo tan íntimo como la lectura en voz alta de un poema.

Un artista piensa en la capital como una meta. Pero nos equivocamos. Creemos que aquí todo surgirá solo, de una manera sencilla. Una ciudad es solo un lienzo en blanco. Somos nosotros los que decidimos cómo pintarlo.

Nos vemos en las calles

Hoy es viernes 8 de marzo, Día Internacional de la Mujer, día de la esperada huelga feminista. No voy a participar en ningún acto de carácter profesional, no voy a responder correos electrónicos y no voy a abrir el ordenador. Soy autónoma, así que no sé si habrá estadísticas que revelen el impacto de mi parón, pero al final los valores son mayores. Esta es una cuestión de corazón, nada más. Y yo voy a salir a latir a la calle.

El caso es que dudé, pero escribo esto un lunes, así que he decidido dedicarlo a la causa, darle la voz que nos quitan e imprimirle la fuerza de una luchadora. Porque así también se lucha: desde las palabras y las plataformas.

En 2018 ocurrió algo histórico. En un momento político y social de gran división, de gran enfrentamiento, siento que la causa feminista logra, entre otras cosas, lo que no logran las demás: unión. Salí a las calles de la capital sin saber que aquello establecería un precedente y una energía que no querríamos canalizar jamás. Supe que algo había pasado porque los días posteriores tuve un viaje a Pamplona y en el tren el tema de conversación había cambiado. Todo vibraba. Las mujeres nos mirábamos y nos sentíamos compañeras sin conocernos. Existía un guiño especial, una mirada de asunción, la frase «vamos a conseguirlo» resonando por todas las paredes. Ese poder, el que nos han quitado durante toda nuestra existencia,

resquebrajaba la urna y nos hacía resurgir, poderosas, seguras, valientes. Merecedoras de lo que es nuestro.

De aquel día recuerdo a un hombre, emocionadísimo, agitando una tela morada desde los ventanales del edificio de la UNED, en pleno paseo del Prado, en la que se podía leer: SIN NOSOTRAS SE PARA EL MUNDO. Recuerdo la conversación de una madre con sus hijas camino de la manifestación en la que les explicaba por qué ella estaba ahí y por qué papá se había quedado en casa. Recuerdo un grupo de mujeres africanas cantando y bailando por Cibeles, porque hay luchas que solo se pueden expresar con alegría. Recuerdo a mi hermana apretándome la mano con fuerza por la calle Alcalá. Recuerdo, también, la tristeza al leer la información y los datos vertidos en algunos carteles. TRANQUILA, HERMANA, SOMOS TU MANADA. Recuerdo a mi prima pequeña hablar con una fuerza que no he visto en nadie de otras generaciones, lo que me hace sentir aliviada porque el presente, y el mundo, ya es suyo. Y recuerdo, también, mirarnos y pensar que no habría cabida para datos falsos ni estadísticas manipuladas porque éramos tantas que no iban a poder con nosotras.

Y no han podido. Hoy, 8M, volvemos a parar para arrancar. Porque esto solo ha comenzado.

Nos vemos en las calles, hermanas.

Un día que olvidar y recordar

Tenía once años, eran las siete y treinta y seis de la mañana y dormía plácidamente en mi cama de Segovia, desde donde si aguzabas el oído podías ser capaz de oír el eco de las detonaciones en las vías de la estación de Atocha. Fueron diez explosiones en cuatro minutos, ciento noventa y tres cadáveres, alrededor de dos mil heridos, segundo mayor atentado cometido en Europa, el primero en España. Cifras que pasan por nuestros ojos en un recorrido extraño, imperceptible, pero que cambian si les ponemos nombre y apellidos, las razones de su viaje, esas primeras palabras de los que los esperaban, el rostro de los que aún hoy siguen sin entender por qué. La sangre salpicó al país entero y no encontramos forma de limpiarnos, de sacudirnos el polvo y la ceniza, de soltar el abrazo a los cuerpos desmembrados, como si así todavía quedara opción de algo, no sé el qué, pero algo. Quince años después, seguimos sin hacerlo.

Tenía once años y empezaba a comprender el mundo desde la distancia que da saberse protegido. Hoy lo miro todo con miedo: la realidad externa me asusta, en muchas ocasiones, y no siempre me veo capaz de enfrentarme a ella. Tuerzo el gesto y continúo caminando mientras cruzo los dedos y aprieto los dientes en un intento de que el horror pase de largo, pero no lo hace, no puede, porque lo que están derribando es nuestra casa.

Esta mañana escuchaba en la radio el testimonio de un periodista que contaba dos anécdotas de aquel día. La primera, escalofriante y hasta cierto punto sórdida, era la grabación de un joven que preguntaba con la voz quebrada por el miedo por su hermano de dieciocho años, cuyo nombre ya figuraba en la lista de los asesinados —que no fallecidos—. La segunda rescataba la pregunta de un niño de cinco años a su padre aquella mañana. El niño, extrañado, no alcanzaba a comprender por qué estaban poniendo la misma película en todas las cadenas al mismo tiempo. Dónde va esa inocencia, me pregunto, en qué momento se corrompe, cuándo se filtra por el desagüe de un fregadero atascado y por qué no podemos hacer nada al respecto.

Hoy busco todo aquello que salió del 11M. Hay canciones, como *Jueves*, de La Oreja de Van Gogh o *Esta madrugada*, de Amaral; hay películas, como *Chicos normales*; hay poemas, como los que forman *Madrid, once de marzo. Poemas para el recuerdo*; hay teatro, como la obra *Ana el once de marzo*; y también hay novelas, como *El corrector* de Ricardo Menéndez Salmón o *Cosas que brillan cuando están rotas* de Nuria Labari.

El arte contra el horror o a propósito de él.

Once de marzo. Un día que olvidar y recordar. Si es que eso es posible.

PRIMAVERA

Ganamos todas

La última vez que vi un partido fue un Atleti-Barça.
Masculino, claro. En el Vicente Calderón. Hace cuatro o cinco
años. Decidí que no volvería a un campo. Los insultos homó-
fobos y xenófobos, de un voltaje mayúsculo, bárbaros e incons-
cientes, me impidieron ver el juego y disfrutar de él en con-
diciones. Recuerdo que éramos tres mujeres del Barça en medio
de un grupo de aficionados del Atleti. Mi hermana, prudente,
me dijo que no animara demasiado y me tapara la camiseta al
salir con la cazadora, pues el Barça ganó dos goles a uno. To-
davía tengo en la cabeza los ojos encendidos de un señor de
unos sesenta años que se acercó a mí a la salida del estadio gri-
tándome: «Puta catalana de mierda». Me asusté. Ni me alegré
por la victoria ni salí con ganas de volver. Rechacé el fútbol. Yo,
que no había día en el que no diera una patada a un balón, que
de niña me regalaron la equipación completa del Real Madrid
(no es cuestión de preferencias, es que yo era de Casillas) y que
no perdonaba la quiniela semanal, dije adiós a este deporte.
 He pensado mucho desde entonces en por qué algo tan
saludable genera un odio tan absurdo. Pensé en la base: la

incapacidad de algunas personas de gestionar las emociones. No nos enseñan a asumir nuestras derrotas, imaginen las que no dependen de nosotros. También he creído que algunos medios alimentan la crispación y que desde casa se nos obliga desde pequeños a elegir, a no cambiar, a defender hasta la muerte. Yo fui del Deportivo de la Coruña, pasé por la Real Sociedad, me volví fan del Real Madrid, el Atlético de Madrid me cae bien y terminé cambiándome al Barça. Para algunos seré una chaquetera, pero es que mis padres no me han impuesto nada nunca. Y se lo agradezco, no saben cómo.

El domingo volví a un estadio, al Wanda Metropolitano, a ver mi primer partido de fútbol de mujeres: Atleti-Barça, precisamente. Iba sin recelos, consciente de que el apoyo era lo que más importaba. Me daba igual el resultado: quería verlas a ellas jugando al fútbol ante un estadio lleno. Disfrutar de su triunfo, del de todas las mujeres deportistas que luchan por verse reconocidas y valoradas. Lo que me encontré fue algo más: familias felices, ancianos sufriendo el resultado, un padre con una camiseta que ponía MI HIJA, niñas dejándose la voz en sus cánticos, jóvenes coreando el nombre de las deportistas, otros que iban por primera vez y acababan viviéndolo como el que más. No oí ni un insulto ni una discusión.

Quizá sea cierto y estas chicas estén no solo cambiando las cosas, sino a nosotros. El caso es que salí de allí con ganas de hacerme socia y volver al campo, aunque todavía no he decidido de qué equipo. Qué importa eso. Aquí ganamos todas.

Ciudad océano

Madrid es una ciudad océano, aunque no tenga mar. Cuando la conoces, te da dos opciones: zambullirte en ella y flotar sobre su superficie o escapar a braza antes de que te ahogue.

Es una capital rápida que te obliga a ser más veloz que ella para que no te alcance. No contempla: solo mira, con los ojos apresurados. Tampoco espera: sigue su camino sin que importe el paisaje. Pero tiene algo que la hace humana: la generosidad. Madrid te abraza si quieres que te abrace, te observa si quieres que te observe y te ayuda si quieres que te ayude. Solo hay que pedírselo.

El otro día hablaba con Sara, una amiga que vino a Madrid en busca de eso que no es un trabajo ni una oportunidad, sino un hogar. Ella no lo encontró aquí. Solo conoció lugares equívocos, encuentros forzados, situaciones complejas. Puertas que no llevaban al sitio adecuado, voces desconocidas, días de angustia. Aguantó unos meses, los justos para sentir la asfixia de las ciudades que nunca se aprenderán tu nombre, y se marchó. Ahora pronuncia las palabras con un aire distinto en la garganta, mucho más limpio. Reflexionamos juntas, y llegamos a la conclusión de que hay algo que tiene en común con aquellos que tampoco se hallan en la capital: la soledad. Es así: Madrid es hostil con quien se siente solo.

Yo tuve suerte. Llegué de la mano de mi mejor amiga, con mi familia a una hora en autobús, mi hermana en un barrio cercano y con un mundo nuevo que me abriría las puertas al primer toque. No tuve tiempo de sentirme sola, lo que paradójicamente me hizo abrazar la soledad los pequeños ratos

Tuve suerte: llegué a Madrid de la mano de mi mejor amiga.

que se presentaba. Así es más fácil, pienso ahora. Pero también recuerdo la alegría al enterarte de que un amigo de tu ciudad se mudaba a la capital y la tristeza al descubrir que terminaría siendo imposible verlo por incompatibilidad de horarios, de distancias, de prioridades. Al final, esos reencuentros se dan con más facilidad en tu barrio de la infancia que en la nueva ciudad. También pienso en aquellos acontecimientos importantes que te perdías por estar lejos: el cumpleaños de un abuelo, las cenas con los amigos de siempre, las comidas de tus padres. La tristeza invade los días, entonces, aunque Madrid se encargue de disimularla. Al final, la velocidad de esta ciudad facilita la comprensión de todo lo que sucede en ella.

Yo decidí ver Madrid como un gran océano en el que zambullirme para ver los peces de colores, el sol de media tarde, el azul intenso y cambiante de los días. Pero entiendo, no saben cómo, a los que se vieron obligados a salir de ella para tomar un aire distinto e impulsarse a otro lugar más lejano. Madrid no es para todos. Por eso quizá sea, precisamente, tan generosa: no te obliga a quedarte, pero si lo haces no te ahuyentará nunca.

Los estadios y los teatros

Escribo esto desde Buenos Aires.

Estoy aquí por trabajo: hace unos días participé en el Congreso Internacional de la Lengua en Córdoba y he aprovechado para presentar *Días sin ti*, organizar un par de firmas y llevar a los teatros de Córdoba, Buenos Aires y Rosario el recital

Los lectores acuden sin exigencias a disfrutar, soportan colas de horas, son generosos, te dedican palabras hermosas y te prometen, sin excepción, que estarán ahí cuando vuelvas.

de poemas que Andrea Valbuena y yo venimos haciendo desde hace ya unos años.

Hay algo, más allá del cariño de los argentinos y su respeto, que me ha dejado fascinada: la atención que se le presta a la literatura. Están sumidos en una crisis brutal, los precios de los alimentos son distintos según el día y todo está, en general, imposible. Pero hay algo que no ha cambiado: los eventos literarios siguen, contra todo pronóstico, llenos, como si los libros fueran un refugio hecho de fuego, los únicos capaces de mantenerlos cuerdos, vivos, protegidos, esperanzados. Los lectores acuden sin exigencias a disfrutar, soportan colas de horas, son generosos, te dedican palabras hermosas y te prometen, sin excepción, que estarán ahí cuando vuelvas. El otro día me contaba un taxista que había dos lugares que no se vaciaban nunca: los estadios y los teatros. Qué triste, pero qué capacidad de resistencia tan hermosa.

Mis amigas Paola y Valeria nos han llevado a visitar la casa de Victoria Ocampo, una figura importantísima en la cultura argentina. Ella, gracias a sus viajes, trajo la literatura de otros lugares al país, y en su casa pasaban largas temporadas autores como Lorca, Borges o Cortázar. Allí conocimos a la abuela Yolanda, una mujer con las rodillas doloridas que aguardaba con su nieta a que terminara la visita anterior. Nos contó que había sido docente de literatura durante veintiséis años y que seguía estudiando en la universidad de mayores Filosofía e Historia. Tan lúcida. Me habló de las asignaturas y ahí entendí la diferencia con España: en las aulas aprenden desde pequeños literatura argentina, sí, pero también española, inglesa y japonesa, entre otras. No es un tema aislado al final del libro de texto, es una asignatura principal, extensa, trabajada y con títulos clásicos y contemporáneos. Esa misma mañana leía en el periódico que en España, después de una ley aprobada por el gobierno de Rajoy, se había eliminado de los temarios a Borges, Cortázar, García Márquez y Storni. Ni rastro de la literatura hispanoamericana más allá de una leve mención a Rubén Darío.

Estos días comparo, de manera inevitable, ambas capitales: Buenos Aires y Madrid, y pienso en lo que me gustaría ver un teatro madrileño con más de mil doscientas personas para escuchar en silencio un recital de poesía un lunes de diario, una Feria del Libro con una asistencia que hiciera necesario multiplicar los árboles del Retiro para cobijarlos, un Congreso con aforo completo en todas y cada una de las conferencias, librerías protegidas de la venta online por lectores acérrimos del encuentro.

Y me lamento, no saben cómo, de lo que intentan hacer con nosotros: una sociedad esclava de la incultura, un país preso de la ignorancia.

¿Pero quién dice que pueden conseguirlo?

Abramos los libros: aún estamos a tiempo.

Madrid-La Plata

Una abuela es una abuela en cualquier parte del mundo.

Es mi último viernes en Argentina y pienso en las mías mientras acaricio las manos de Coca, la abuela de Miranda, aquí en La Plata. Llevo en este país veintiún días, los suficientes para crear hábito y acomodar el acento en mi

Todas estamos hechas de un puñadito de gente
que queremos llevar a todas partes.

boca, y todo comienza a resultarme extrañamente familiar y conocido.

Las personas son iguales en cualquier parte del mundo.

Los armarios de la casa de Fany, la otra abuela de Miranda, huelen igual que los de mi abuela Sote, son del mismo color y parece que cuentan cosas parecidas. Susi, la tía de Miranda, abraza como mi tía Mercedes, con fuerza y enseñanza, y en su casa cuida las plantas tal y como mi abuela Juanita protege las suyas. Nos protege y advierte de los cuidados de la calle, y eso me recuerda a lo que me dice mi tío Vicente antes de irme de viaje. Nosotras sonreímos y no hacemos demasiado caso, igual que haríamos en Madrid.

Aquí hablamos de nuestras familias a la hora de comer, al levantarnos de la siesta y antes de irnos a dormir. Cada una de nosotras estamos hechas de un puñadito de gente que queremos llevar a todas partes, estemos donde estemos. Así es imposible no encontrarlos en todos los sitios.

Estamos a once mil kilómetros de España y a cinco horas de diferencia horaria. Las palabras son distintas, la gastronomía también, la política difiere y los programas de televisión hablan de gente que no conozco, pero los jóvenes se devoran de igual manera en las esquinas vacías de las calles por las noches. Los niños chillan a sus padres para que les hagan caso en parques idénticos a los de Madrid, en los que se dan las mismas situaciones. Hay gente que pide, gente que se lamenta y rostros vacíos de expresión. Hay gente triste, muy triste, inaccesible en su tristeza, llena de polvo y silencio, miradas exactamente iguales a las que he visto en el metro muchas mañanas de martes. También hay reuniones en las que se comparte el mate que me recuerdan a los grupos de adolescentes que se pasan las bolsas de pipas en plaza España. En las dos ciudades miramos a los ojos con la misma intensidad. El otro día Andrea recibió una videollamada de su familia, que estaba de celebración, y se emocionó igual que se emociona Miranda cuando escucha la voz de los suyos desde España.

Llevo veintiún días aquí y, aunque ya regreso a mi añorada Madrid, he conseguido que el tiempo se tranquilice, que los lugares se vuelvan reconocibles y que mi gente habite en los ojos de los argentinos que me cuidan. No somos diferentes, claro que no.

La vida siempre es vida, se dé donde se dé.

Por los que nunca dejan de trabajar

Como cada año, en Semana Santa la capital se queda vacía, abierta a planes que por fin pueden hacerse cuando contamos con un fin de semana más largo. De repente, los pueblos de Madrid y las ciudades colindantes cobran un atractivo desigual, vuelven amigos que llevamos meses sin ver, aparecen ofertas irrepetibles en las páginas de internet y ese parque que siempre estuvo cerca de pronto parece un lugar ideal para un pícnic.

Sin embargo, cada vez que llega una época de descanso general, nos olvidamos de aquellos que no pueden disfrutar de ello para que los demás sí lo hagamos.

Hablo del jefe del bar de Lavapiés, que sabe que si cierra perderá uno de los gruesos de beneficios más importantes del año, y también de sus empleados, claro, que probablemente ni siquiera cuenten con la opción de cogerse el día (sin fastidiar a otro).

Hablo de la policía que debe vigilar las procesiones y a los asistentes y aguantar las miradas fulminantes de los coches a los que no permite cruzar la calle Bailén.

Hablo de la política que tampoco llega a su casa a comer el sábado porque *hoy también hay que*. Hablo del médico que pasa consulta a los ancianos en un día más de Sintrom, tiras para los controles de azúcar, recetas interminables de pastillas.

Hablo de los actores y actrices que no posponen la función, y de los cantantes que aprovechan esos días porque saben que hay más probabilidades de llenar.

Hablo de esos abuelos que ocupan los parques por las mañanas con los carritos de los nietos porque los padres trabajan, y hablo de esos padres que, aunque les dan vacaciones en sus empresas, dedican sus días libres a hacer planes especiales con sus hijos porque es Semana Santa y de alguna manera hay que entretener a los niños.

Hablo de mi hermana, que sé a ciencia cierta que se lleva el trabajo a casa, aunque la oficina cierre.

Hablo también de mí, que debo acabar, entre otras cosas, una traducción que tengo sobre la mesa desde hace unos meses y a la que solo puedo dedicar mi tiempo cuando el correo electrónico y el teléfono se silencian, cosa que ocurre normalmente en «vacaciones».

Hablo de todos, no solo de los autónomos que no sabemos exactamente qué es eso de tener días desocupados ni de los trabajadores que no cuentan con alternativas. Quizá el foco también debería estar en ellos y en la empatía del que puede descansar. Una sonrisa más real, una propina de vuelta, palabras amables, respeto al que nos dice que no, un favor al que no puede. No sé, solo eso y tanto, empatía.

La ciudad donde las cosas ocurren

Vengo de recoger la Encomienda de Número de la Orden del Dos de Mayo que me ha concedido la Comunidad de Madrid. Me llamaron hace unas semanas para comunicármelo. Yo estaba en Argentina y lo recibí con sorpresa, mucha sorpresa. Pensé dos cosas. La primera: ¿por qué a mí entre todos los escritores? La segunda: ¿por qué a mí si soy de Segovia? Ahí me di cuenta —como cada vez que reflexiono— de lo que significa Madrid, tanto en la superficie como en los adentros.

Madrid, siempre lo digo, es una puerta abierta.

Es el sentimiento que uno tiene al volver de un viaje largo y que alguien grite tu nombre en la terminal de llegadas de Barajas.

Madrid es la luz amarilla de las farolas por las noches.

Madrid es ese perro que siempre perdona tus ausencias y tus malos días.

Madrid es un sol constante, pero no dañino; presente, pero no forzado; brillante, pero no molesto.

Madrid es una carretera por la que se cruza el naranja de los atardeceres.

Madrid es un viaje, qué importa si de dos o de trece horas. Madrid es aquel grafiti de Neorrabioso que decía: «Inmigrantes, vosotros sois el mar de Madrid».

Madrid es ese que se alegra cuando a otro le va bien.

Una ciudad es el resultado de las miradas que arrojamos sobre ella.

Madrid también es soledad, tristeza, abandono, rabia: emociones necesarias para que la vida sea vida.

Madrid es un paisaje intocable.

Madrid no es un carné, una ideología, una raza, unos papeles, un pasado: Madrid es una historia.

Madrid es eso que siento mío sin tenerlo.

Madrid es un encuentro.

Madrid es la sensación de que, por fin, estamos aquí. Juntos. Y que pase lo que pase, nadie nos va a separar.

¿Habéis sentido alguna vez miedo al besar a alguien? Madrid es un beso seguro.

Hoy escuchaba con atención los discursos de Rafael y Marañón en la entrega de las medallas de oro. Ambos coincidían en lo mismo: esta es la ciudad donde las cosas ocurren sin importar de dónde vengas. Entonces he visto a mi madre, a mi abuela, a Fran y a Andrés sonriendo, y he respondido mis preguntas.

No sabéis la felicidad que siento, no solo por tener en mis manos una medalla preciosa que hace sentir orgullosa a mi familia ni tampoco por haber conocido a personalidades que admiro ya que cuidan de esta ciudad, sino porque hoy, de alguna manera extraña o mágica, no sé, he sentido por fin que esta también es mi ciudad, y entonces he pisado con fuerza este suelo que me abraza y he pensado: «Sí, Madrid, ames a quien ames, yo también te quiero».

La ciudad de todos y de nadie

Hay algo que me apasiona de esta ciudad que es de todos y no es de nadie. De todas las personas que conozco después de tantos años viviendo aquí, me atrevería a decir que apenas unos pocos son madrileños. Conozco andaluces, catalanes, valencianos, vascos, extremeños, castellanoleoneses y manchegos, ceutíes, canarios... y algún madrileño. Es por eso que el sentimiento de permanencia de esta ciudad es tan único y particular.

Madrid está hecha, en un porcentaje medio alto, de gente que no es de Madrid. Gente a la que si le preguntas dónde viven te responden: «En Madrid, pero soy de Lugo / Málaga / Cáceres». Personas que tienen hijos aquí, pero no se olvidan de sus raíces y les transmiten su cultura y tradiciones: «El acento es por mi madre, que es de Murcia». Así, te vas encontrando gente que se reconoce por los acentos, que se une por lo mismo, que se comprende porque comparten algo que en ese momento nadie más tiene.

Los gallegos, por ejemplo, disfrutan de la lluvia de Madrid porque les recuerda a sus casas; los asturianos llevan sidra a las cenas para compartir algo de su tierra; los de Castilla y León también llevamos vino de Valladolid o de Zamora y les explicamos a los demás que nuestro cariño no es regalado, que si lo damos es porque verdaderamente lo sentimos; los valencianos aprovechan las vueltas para traer naranjas y compartirlas con sus amigos; los catalanes regalan rosas en Sant Jordi aunque no las reciban de vuelta; y los andaluces son capaces de oler el azahar aunque no existan los naranjos y piden Cruzcampo en los bares solo para sentirse más cerca de casa.

Del mismo modo, a todos nos da morriña, o lástima, o nostalgia, o pena, cuando llega el día de nuestra comunidad y nos encontramos lejos de la familia y del olor de casa, así que cocinamos sopas de ajo, bebemos gazpacho, pedimos un ca-

Gente que se reconoce por los acentos, que se une por lo mismo, que se comprende porque comparten algo que en ese momento nadie más tiene.

chopo en el asturiano de abajo o merendamos naranjas, y les contamos a quienes quieren escucharnos nuestras tradiciones, lo que hacíamos cuando éramos pequeños. El año pasado, por la Feria de Abril, mis amigos, que trabajaban, pusieron flamenco en casa, prepararon un rebujito, se vistieron con el traje y bailaron hasta que los vecinos quisieron. Creo que todavía se escuchan las risas desde Atocha.

Esta ciudad no tiene dueño y eso es lo que más me gusta. En la Parroquia de San Millán y San Cayetano, en La Latina, dan una misa rociera el último sábado de cada mes. No es raro encontrarse entre bares modernos y tiendas a granel varios grupos de mujeres con una flor en la cabeza que van a rezarle a la misma virgen a quien rezaban de pequeñas.

En Madrid hay espacio para todo eso y más. Todos estamos dispuestos a celebrar otras comunidades y aprender y disfrutar de ellas. Por eso es de todos y es de nadie.

Como el primer día

Recuerdo esa noche como si acabara de pasar, o más bien como si fuera una puerta en el tiempo, un punto en la memoria que hace que su alrededor se disipe sin esfuerzo mientras él brilla y se hace fijo.

Eran las fiestas de San Isidro, pero eso solo era una excusa, una respuesta acertada a las preguntas hechas a destiempo. Un motivo para escapar, ambas, de aquellas paredes que nos apretaban los cuerpos partidos. No es literatura: nuestros cuerpos, literalmente, estaban rotos, y solo encontraban descanso al apoyarse uno sobre el otro.

Yo qué sé a dónde iba. No tenía ni idea. Solo sabía que quería estar con ella. Mi vida, en ese momento, era un balanceo ininterrumpido y ciertamente incansable que se paraba cuando la veía. Hubiéramos ido a cualquier sitio que nos llevara lejos de nosotras mismas.

Recuerdo habernos mirado fijamente en el autobús que nos llevaba a la Pradera de San Isidro. Nos acompañaba otra gente, otros amigos, una coartada o un contexto, no lo sé, otro modo de sentirnos protegidas en un lugar extraño. El caso es que nos mirábamos y, aunque sabíamos que nos íbamos a estrellar, fuimos capaces de respirar sin espasmos. Apretaba su mano como si me fuera la vida en ello, igual que aprieto la de mi hermana cuando nos abrimos paso en una manifestación en Cibeles o igual que aprieto el lomo de mi perro cuando pasan patines y se asusta y ladra. Todo era tan triste y tan hermoso que no tiene cabida contarlo de otra manera.

Llegamos a otra casa, nos sentamos juntas sin miedo, sin disimulo. Otro barrio, otras calles, otros ojos. Nos regamos en un alcohol que no necesitábamos. Reímos historias que nos hicieron recuperar la gracia. Escuchamos cantar a gente que celebraba las fiestas de la capital sin culpabilidad. Vimos peleas que definían nuestra rabia escondida. Bailamos melodías que nunca antes habíamos escuchado. Los besos caían uno detrás de otro como si fueran las notas de una balada pegadiza o de un discurso aprendido. Todas las canciones me parecían dolorosas cuando la besaba y aun así su espalda en movimiento era un oasis. No pasó un solo minuto en el que no quisiera romper el reloj que pondría fin a esa noche de auxilio.

mos al rencor, al odio incluso, a los reproches y a todo aquello que faltaba y a lo que cuando amábamos, curiosamente, no prestábamos atención. ¡La felicidad es tan frágil, mi vida, y la tristeza, sin embargo, tan poderosa! ¿Y sabes por qué? Porque sabemos que las cosas pueden acabarse y eso nos da miedo. Por que la felicidad va y viene, pero la tristeza duerme dentro de noso... y...

Hubiéramos ido a cualquier sitio que nos llevara lejos
de nosotras mismas.

No recuerdo lo demás. Solo sé que el baile se convirtió en un río que nos llevó hasta su portal, donde los besos, salados, se nos caían de los ojos.

Esta semana volvemos a las fiestas de San Isidro, con equilibrio y con la tristeza en el recuerdo porque nos hace sentir fuertes. La tristeza es así: un recuerdo de la fortaleza. Esta vez, sonarán canciones que recordaremos siempre.

Mientras, aquí sigo, apretando su mano como el primer día, porque siento que solo ella puede acariciarme en mitad de una fiesta, o de una pelea, o del propio miedo.

En Madrid no hay playa

Madrid tiene un gran escollo que le hace sentirse menor, incompleta. Un punto débil *a priori* irrebatible que no encuentra réplica. Es insalvable. Es una cuestión de geografía, y frente a eso nada se puede hacer, porque por suerte no mandamos sobre la tierra, aunque algunos se empeñen en demostrar que eso no es cierto y quieran destruir la casa de todos.

En Madrid no hay playa. Eso es un hecho tan real como que los días de frío mis rodillas crujen y duelen. Las piscinas municipales, que están muy bien, son un consuelo en los días de calor más agobiantes, no cabe duda, pero entrar en comparaciones sería como decir que el agua solo es agua, y los que amamos el mar sabemos que eso no es verdad. No he encontrado aún una metáfora que exprese el simbolismo del mar. Es una cuenta pendiente que tengo con la poesía, pero es que creo que está más allá de las palabras. Al final, las palabras sirven para contener un concepto y hacerlo estallar, y para mí el mar siempre estuvo por encima de todo. Es inviable pretender reducirlo a un concepto o a un verso bonito. Cuando no puedo más, me siento frente al mar y todo se reduce.

En Madrid no hay playa, eso es cierto, pero hay lugares escondidos que de pronto uno encuentra doblando esquinas y sorprenden, como un anochecer a destiempo. Como el pantano de San Juan, del que tanto había oído hablar y nunca había hecho por visitar. Se encuentra a una hora en coche de Madrid, en San Martín de Valdeiglesias, y el acceso en coche no es complicado. Para llegar al agua y poder darse un baño refrescante, hay que dar un paseo de unos tres kilómetros. Cuando una llega, se abre un manto azul profundo que puede confundirse con el cielo y que contrasta con la tierra que lo rodea. Hay una zona nudista, es amplio y no hace falta mucho más. Allí, mis perros fueron muy felices jugando con las truchas y yo fui muy feliz viéndolos correr. Por suerte, volví a sentir que todo se reducía, aunque faltara la sal en la piel.

En Madrid no hay playa, pero existe un azul distinto que nos ayuda a comprender el tiempo, a mirarnos a los ojos, a minimizar lo que nos duele y eso, en semanas como esta, alivia, no saben cómo.

La magia de la literatura

La Feria del Libro de Madrid es uno de mis momentos favoritos del año. Como autora, es un disfrute. Por un lado, te permite conocer a los lectores que tienen a bien acompañarte en los ratos más soleados del fin de semana. Cada año estoy más convencida de que el amor por la lectura consigue cosas insospechadas, por más que los agoreros de siempre insistan en que los libros pronto dejarán de existir, que la gente no lee y que no sabemos colocar la eme delante de la pe. Tonterías. Es cierto que no somos una mayoría, pero también es lícito alegrarse y no pretender llegar a la excelencia sin pasar por el aprobado.

Para mí, todo en la vida es una carrera de fondo o una canción que no termina.

Debemos disfrutar lo que tenemos. Y lo que tenemos es un paseo largo en el parque del Retiro lleno de libros que está casi siempre a rebosar de gente. No creo que sea un milagro porque cada año se repite, y tampoco es una casualidad: es fruto del empeño de padres, madres, abuelos, amigas, profesores, maestras, bibliotecarios y libreras que durante el año promueven el amor por los libros. A ellos les debemos las colas largas y los puestos llenos.

Hace años que no disfruto casi de la feria como lectora ya que prácticamente todos los días tengo firma, pero procuro acercarme alguna tarde fresca entre semana a conocer la otra cara de la feria, una más tranquila y silenciosa. Admiro a los lectores que acuden a las doce de la mañana a esperar una fila de dos horas para que su autor favorito les firme su ejemplar. Hacerlo bajo más de treinta y cinco escandalosos grados es más que loable. Admiro también a los compañeros libreros que condicionan su puesto para que el autor se encuentre cómodo, como mis amigos de La Buena Vida, y que entretienen a los visitantes con voz dulce. Siempre me pareció que la voz de un librero es distinta a la de los demás. Su murmullo acom-

Admiro a los lectores que acuden a las doce de la mañana a esperar una fila de dos horas para que su autor favorito les firme su ejemplar.

paña las firmas y nos entretiene hasta que aparece algún lector rezagado.

Otro de los motivos es claro: el ambiente en la feria es de emoción. Tan pronto viene una madre que quiere presentarle a su hijo a su escritora favorita, un padre que le compra a su hija, muerta de vergüenza, todos los libros y le anima a que se haga una foto, una anciana de manos tiernas que te entrega su libro y te acaricia, un hombre que quiere una firma para su hermano enfermo, un doctor alemán que cuenta que aprende español con tus libros, una chica joven, probablemente menor de edad, que agradece el compromiso social de tu obra, o dos chicas que se hacen ocho horas de coche para conocerte.

Pequeños milagros que solo consiguen la literatura y sus lectores.

Los rincones del barrio

El otro día di un paseo por el barrio con Viento. Un paseo tranquilo de esos en los que evitas posibles sustos (niños que gritan en patinetes ruidosos, por ejemplo), recomendado por la educadora, para que sepa lo que es disfrutar de la calle sin sobresaltos. A mi perro le da un poco de miedo todo lo que hay fuera de casa y creo que le comprendo porque a mí a veces también me pasa. Mira de un lado a otro con ansiedad, esperando el ataque, con la defensa en la mirada. Todos tenemos nuestros monstruos. Lo miro y pienso que me gustaría, sobre todo ahora, que un ratito al día alguien me llevara de la mano por la ciudad y me dijera que todo va a ir bien. En vez de eso, cambio el telediario, apago la radio, cie-

rro Twitter, evado conversaciones y lo acaricio panza arriba en el sofá. Yo también tengo días que, como él, me siento más a salvo en el silencio que en la realidad.

El caso es que mientras paseábamos me tocó el hombro una señora que me preguntó por una tienda de ropa para mujeres de su edad. Hice un esfuerzo por recordar y le indiqué una dirección sin mucha seguridad. Doy paseos con mi perro todos los días por las mismas calles y, sin embargo, no soy capaz de saber con exactitud cuáles son los pequeños establecimientos de mi barrio, al menos los que no me interesan tanto. En vez de eso, suelo recurrir a internet y los mapas. Es cierto que procuro trabajar la conciencia social: comprar en librerías pequeñas, en fruterías particulares e ir a mercerías, pero eso no resulta tan sencillo si no practicamos la observación. Decidí entonces dejar el teléfono en casa —para alegría de Viento, que no se fía del mundo cuando lo paseo mirando la pantalla— y descubrir nuevos lugares en las calles de siempre.

Así, descubrí una tienda de muebles en oferta; un local en el que hacían copias de llaves de garaje; una tiendecita de ropa para niños con una mesita en la esquina dispuesta para ellos con folios y pinturas; la sede del Partido Comunista; la más que atractiva terraza de un bar en mitad de un nuevo parque; un campo de baloncesto al aire libre; un local de productos a granel, la mayoría extraños; una clínica de reiki y demás tratamientos; una copistería con una máquina expendedora de comida de animales disponible todo el día; una tienda de ropa medieval; un local de arreglos de costura. Quiero saber responder si me preguntan.

Creo que si todos fuéramos como los perros, sabuesos y observadores, nos pasarían dos cosas. Tendríamos una sensibilidad mucho más elevada y conoceríamos al dedillo nuestros alrededores. Eso nos convertiría en seres más asustadizos, pero también más poderosos. Quizá eso es lo que necesitamos, entre muchas otras cosas.

Observar para adelantarnos al miedo.

Conocer el terreno para pisarlo con fuerza.

Mirar para perder el miedo y sabernos capaces de cuidar el mundo.

VERANO

Orgullo, libertad y poder

Hoy, 28 de junio de 2019, es un día de recuerdo y orgullo ya que se cumplen cincuenta años de Stonewall. Y no, no me refiero al orgullo de tener una u otra condición sexual, pues eso no debe ser en ningún lugar un rasgo distintivo.

Hablo del orgullo de los que han llegado vivos al día de hoy gracias a la lucha que otros han mantenido y que les ha costado, muy a menudo, la muerte.

Hablo del orgullo del que hoy besa a su pareja gracias a aquellos a los que les partieron la boca por hacer lo mismo pero decidieron no cerrarla.

Hablo del orgullo de las familias que abrazan a esa chica atemorizada pero libre gracias a lo que les enseñaron las historias de otros hijos repudiados.

Hablo del orgullo del hombre que sale del armario con cincuenta años y una familia ya formada y respira, por fin, gracias a todos aquellos que dejaron escondidos este mundo incapaz de protegerlos.

Hablo del orgullo del valiente que se confiesa en un cuerpo equivocado y lucha por acertar gracias a aquellos que no llegaron a encontrarse en el espejo pero supieron dar con las palabras.

Hablo del orgullo de todos aquellos mayores que pueden contarnos que esto fue peor, mucho peor, pero que mientras haya una sola agresión verbal o física, una sola mirada negativa o una discriminación queda camino, queda lucha. Y también hablo del orgullo de todos aquellos y aquellas a los que todavía no les dejan, no les permiten, los acosan, los humillan, los encierran, los agreden, los asesinan, los desprecian, los reprimen, los expulsan, los reducen a lo mínimo y no pueden, no saben. Su orgullo también es el mío.

Porque el Orgullo no es eso que dicen en los telediarios o que cuentan los que nunca lo necesitaron.

El Orgullo no es un torso desnudo porque sí: es la libertad plena de poder, por un día, mostrarse como uno quiere.

El Orgullo es esa familia heterosexual con niños pequeños que acude, como cada año, a celebrar la diversidad.

El Orgullo son charlas informativas, puestos a pie de calle donde te asesoran, carrozas de colores, brindis nocturnos, amor lejos de las esquinas.

El Orgullo es saber que durante esos días no importa cómo ni de qué manera ni en qué momento: estamos a salvo, somos libres, somos felices.

He ido a muchas celebraciones del Orgullo en Madrid. Recuerdo que todavía vivía en Segovia y cogía el autobús a la capital con unos amigos contentos, con ganas de celebrar en las calles principales, donde seguiremos haciéndolo. Era adolescente y nunca me sentí tan viva, tan capaz. No hay mayor escudo que un miedo comprendido, y durante el Orgullo nos sentimos próximos, unidos, entendidos.

Aquellos años me dieron la seguridad que tengo hoy.

A todos los que vinieron antes les debo mi libertad.

Por eso no voy a dejar de celebrar, ni un solo día y a voz en grito, que sentimos orgullo, libertad y poder.

Un día de mierda

A veces una no entiende de qué manera una persona, con sus aristas y sus llanuras, sus tristezas más profundas y sus motivos para despertar, sus elecciones de vida, sus mayores seguridades y aquello que la hace tambalearse, escoge tomar decisiones tan sumamente equivocadas, tan irrespetuosas y dañinas con el mundo, consigo misma y con aquellos que la rodean, a los que amará y odiará en según qué momentos de su vida. No importa. No alcanzo a comprender qué le puede haber pasado a una persona para que escoja, de manera libre y sin coacción, sin motivación aparente y sin beneficio, la elección que ya ha demostrado ser la dañina, la perjudicial, la negativa, la egoísta, la incomprensible. No puedo entenderlo. Y creo que eso es lo que todavía me protege.

Me explico. Durante estas semanas de calor abrasivo que, recordemos, no son más que una de las consecuencias del bochornoso cambio climático que hemos provocado entre todos, he huido con mis perros a otros lugares de Madrid más resguardados, naturales, donde el hombre todavía no ha puesto pie y ladrillo y el aire es más amable. Encontramos, de casualidad, un afluente caudaloso de un río limpio, transparente, y ahí hemos pasado algunas tardes, enseñándole a Viento

a nadar para perder el miedo y viendo cómo Berta deja su desconfianza en la orilla y se zambulle con los peces. Ella es lista y me lo enseña: solo con los animales se está realmente a salvo.

Las primeras veces no nos cruzamos con nadie. Era pronto y el sitio está, afortunadamente, escondido. Sin embargo, llegó la ola de calor y, como esos pobres osos polares hambrientos, los madrileños salieron a buscar lo mismo que nosotras. Padres, niños, abuelos que disfrutan, otros perros que recuperan el aliento. Todos nos hacemos hueco y disfrutamos. Sin embargo, el último día, el paisaje era desolador. El río, nuestro río, se había convertido en un vertedero.

Para acceder a la mejor zona hay que atravesar una parte de ramas, árboles y pequeños riachuelos y, en mitad del camino, nos encontramos con una bolsa de basura repleta, tanto que se había desbordado y lo ocupaba todo: latas de mejillones, botellas de refrescos, *tuppers* vacíos, pañales sucios, toallitas, cervezas, bolsas de patatas, cigarros, bolsitas de plástico, envases de postres... Unos días antes, Berta había desenterrado un yogur que, por la etiqueta, calculamos que tendría unos veinte años. Avanzamos un poco y vimos dos calzoncillos de niño sucios medio enterrados en la arena. Probablemente pertenecieran a una familia grande con niños: padres contaminadores enseñando a sus hijos a contaminar. Había tanta mierda y tanto envase que nos dejó doloridas para todo el día. Hay tres contenedores nada más salir. Tres.

Es escalofriante pensar en las mentes de esas personas decidiendo abandonar allí su basura. No me cabe en la cabeza, con la información y concienciación que existe, que eso sea real. Pero lo es. Yo lo vi. Por eso lo denuncio aquí.

No me preguntéis dónde se encuentra. No puedo arriesgarme. Solo cuando aprendamos todos a cuidar de nuestro planeta podremos confiar los unos en los otros.

Por mí y por todas mis compañeras

Las voces se escuchan como si fuera una sola secundada por su propio eco. Podríamos estar en un precipicio amplio y sin fin. Si me tapara los ojos, podría aventurarme y decir que pertenece a una chica joven recién salida de una clase, quizá, aunque también escucho en esa voz la de mi abuela participando por primera vez en una manifestación. Si presto atención, puedo intuir el orgullo de unos progenitores satisfechos con la educación dada a su hija y también el de la profesora que le enseña cada día que el puño en alto y la voz arriba es lo que contará la historia cuando nos señalen con honra y se pregunten cómo pudo ser. Puedo oír la rabia, es palpable y casi la toco. La rabia es una emoción fría, como una botella en el congelador a punto de estallar. Porque estalla. Claro que estalla. En cien mil millones de trozos que se dispersan por el mundo y son imposibles de volver a juntar. Pero eso es algo que algunos todavía desconocen, sobre todo aquellos a los que no los han roto nunca. Y, si me esfuerzo, incluso puedo olerlo: es la fuerza de un colectivo que no se pliega, que no se rinde, que sigue una y otra y otra vez, que denuncia, que clama justicia, que escoge los nombres adecuados y que defiende a todas a las que llama hermanas porque eso somos, hermanas de una misma familia que no se abandona y que levanta con orgullo los cadáveres asesinados y los cuerpos

Puedo oír la rabia, es palpable y casi la toco. La rabia es una emoción fría, como una botella en el congelador a punto de estallar. Porque estalla.

maltratados de sus compañeras para que el resto del mundo las vea y se avergüence.

Varios grupos de personas se han reunido frente a los ayuntamientos de sus localidades para, una vez más, clamar justicia a favor de la víctima de Manresa, a quien violó un grupo de desgraciados siendo ella una menor de catorce años. Yo acudí a Cibeles, frente al Ayuntamiento, para gritar lo que todos sabemos y algunos parecen desoír: no es abuso, es violación. Hasta ahora, la fiscalía lo ha calificado como abuso sin intimidación. Cinco la penetraban mientras otro se masturbaba. Tenían una pistola y ella perdió la consciencia. Creo que no hace falta ser juez para ser justo ni ser justo para ser humano, pero parece que hace falta recordarlo todavía.

Seguiremos haciéndolo. Porque si cierro los ojos, las escucho a ellas, nos escucho a nosotras. Veo a esa adolescente que se desgarra sin necesidad de un megáfono y a la que todos y todas secundamos. «Hermana, yo sí te creo», repite una y otra vez. Y por un momento un halo de esperanza cubre ese precipicio que no es sino el Ayuntamiento de Madrid, que tendrá que escucharnos quiera o no, y respiro aliviada porque mi país, ese que intento proteger y cuidar, antes de lo que creemos quedará en manos de estas jóvenes que podrán decir que lucharon no solo por sus derechos, sino por los de todas las demás. Y entonces sí que habrá merecido la pena.

¿Volvemos?

He venido a un pueblo de Asturias a celebrar el verano por segundo año consecutivo. Me gusta acudir al frío cuando el resto del mundo busca calor, aunque se queje de él. Yo también lo hago: me baja la tensión, me impide el movimiento y me deja como a mis perros, sin ganas de bajarme del sofá. Prefiero que mis planes no dependan del parte meteorológico, como me ocurre en Madrid. Aquí llueva o haga calor voy a la playa, miro al mar, lo respiro, me mojo, corro y buceo. No importa. A nadie le importa.

Estoy en un pueblo pequeño de la costa en una casa que mira al Cantábrico desde lo alto, como si al dar un paso desde el jardín fuera a sumergirme en lo más profundo. Viento y Berta juegan a morderse y corren dando vueltas alrededor de la casa. Ladran de vez en cuando al perro del único vecino de los alrededores y mastican una piedra blanca y ovalada. Ella duerme, descansa mi sueño mientras yo trabajo y lo agradezco porque pocas veces tiene una la posibilidad de mirar de frente el mar a solas. En este lugar no me hace falta la música. Son pocos días los que pasaremos aquí, pero suficientes para volver a aprender el ritmo pausado de las respiraciones correctas.

Es inevitable pensar en Madrid. Nos pasa algo extraño a los que habitamos la capital. Cuando llega el verano, olvidamos las bondades de la ciudad, su amplitud de miras y de planes, las carreteras infinitas llenas de caminos dispares y las posibilidades, en general, de perderse en ella sin apenas moverse. Sucede entonces que aparece el calor insoportable, los trabajos tediosos, las oficinas que parece que nunca cierran, las jornadas intensivas que siguen durando lo mismo pero con más quehaceres, las noches sin dormir, las terrazas vacías y las sillas que abrasan, las piscinas que rebosan más gente que agua, los parques vacíos, los amigos que se marchan. Maldecimos entonces a los afortunados que se van, al conocido con pueblo y piscina,

En este lugar no me hace falta la música.

a aquella que seguimos en redes y solo sube fotos con mojitos en la playa. Desarrollamos un odio intenso, tan intenso que hasta el tipo que tiene aire acondicionado en su salón nos da envidia. No somos agradables, esa es la verdad, aunque nos acompañamos los unos a los otros en la incomodidad.

Pero entonces uno se marcha a Asturias, a su pueblo del interior, a las playas del sur o a una capital europea y se descubre, al pasar los días, pensando en Madrid con nostalgia, deseando en una voz inaudible la vuelta, preguntándose si habrá sido suficiente el agua de las plantas, imaginando qué estarán haciendo los amigos que se quedan por trabajo, soñando con lo que deparará un nuevo septiembre en la capital, los viajes en coche buscando la sombra madrileña cantando a voz en grito los grandes temas de los dos mil, el hueco perfecto que solo tiene nuestra cama y se da cuenta: Madrid sigue siendo nuestra casa. Y qué casa.

Los días de verano

Hay algo en los días de verano que los vuelve pesados, casi inciertos. Parece que forman parte de otro tiempo que no existe o que, mejor dicho, se repite. De algún modo es así: los días de verano son un único día que sucede una y otra vez mientras nosotros cambiamos, como si fuera una única canción que se reproduce al mismo tiempo que nuestro rostro envejece y las manos se cargan de pesos nuevos.

Los míos, al menos, siguen teniendo la misma rutina desde el primer año: mañanas en casa de mis padres, siestas breves, baños en la piscina bajo la atenta mirada de mis abuelos, novelas compartidas y charlas familiares cuando el calor segoviano se va desvaneciendo según pasan las horas de los dos meses más tranquilos. Los últimos años incorporé trabajo: traduje dos novelas y un poemario bajo la sombra del árbol más grande de Madrona, el lugar donde aprendimos todos a seguir siendo niños.

Me gusta así: el sonido del cepillo que barre las hojas, el filo de la sierra en el horizonte, un murmullo de conversaciones cercanas que interrumpen los escritos, la brisa de las siete de la tarde que mueve las hojas, el nombre de los perros en boca de todos, mi abuelo dándoles comida a escondidas, los ojos que escudriñan cuando se abre la puerta.

Esa calma, la canción que se repite, es lo que ahora me abraza y fabrica la emoción a la que volveré cuando la vida sea más rápida que mi paz.

Confieso que a veces detesté las vacaciones, esos parones que me separan de la rutina y de aquellos que hacen que mis días sean días. Cada tiempo fueron de alguien distinto. De adolescente me alejaron de un amor interminable y así convirtieron el verano en un momento de nostalgia articulada, de abrazo al mutismo, como el que bucea en un océano y se cubre los ojos porque no busca otra cosa que el infinito de un espacio cerrado. Sin embargo, el tiempo pasó y el verano me alejó esta vez de otra cosa: del mismo amor, esta vez posible. Nunca lo entendí, por eso siempre duermo con su mano sobre mi espalda o con un dedo agarrado a mi camiseta, porque reconozco la vulnerabilidad de todo lo que existe por casualidad, como el amor correspondido.

Ahora, el verano me distancia durante un tiempo de Madrid, de mi ciudad, y de una casa que extrañaré probablemen-

Reconozco la vulnerabilidad de todo lo que existe por casualidad,
como el amor correspondido.

te el segundo día, y no porque lo que me espera no sea un hogar y un ruido que necesito varias veces al año, sino porque lo que tengo aquí es también algo que no cambia, como una canción que se repite una y otra vez y no me canso de escuchar o como el océano cuando uno se sumerge y se cubre los ojos con ambas manos.

Para eso son los veranos: para acariciar a los perros, abrazar la calma de los días y recordar, al sumergirnos en el agua o en las nostalgias, que solo hay que cerrar los ojos para que pase el tiempo.

Desperezar el mundo

Hay quien dice que el verano es como una siesta larga y profunda. Los que lo pueden disfrutar, claro. A mí las siestas nunca me gustaron: me dejan el cuerpo malogrado, a medio hacer. Para mí el verano es más como una pausa, un momentito para coger aire... y soltarlo. Para poder hacer lo que uno hace cuando el tiempo no importa.

Por primera vez en unos cuantos años, me he desocupado el tiempo y no he hecho nada por obligación. En un mes he leído varios libros *(Malaherba, Conversaciones con mi enano de jardín, El deshielo, La novia gitana)*; he recuperado las mañanas y las noches de radio de La Ser; he empezado y terminado unas cuantas series *(Hierro, Mindhunter, Pose, Euphoria, The Boys)*; he disfrutado con la *Revista de Verano* y las palabras de Vilas; he comido con mi abuela, dormido cerca de mis padres, pasado tiempo con mis tíos y dejado a mis perros ser perros. Al mismo tiempo, he viajado de punta a punta por carretera, de mar a océano, como el sol que se pone y se quita a la vez, porque creo en la importancia de conocer el aire de los sitios que son distintos. Me he despojado de las cosas que nos atan, he desanudado las cuerdas de mi cabeza y me he lanzado, limpia, hacia el sol pegajoso de agosto.

Pero también ha habido pesadillas, como en cualquier sueño que se precie: el *Open Arms* y el paso vergonzoso y en silencio de unos días demasiado largos; la censura de la música y su letra en distintos escenarios del país; un oso famélico y desesperado caminando por la ciudad; la perra que se encontró Miranda abandonada en la carretera y que huyó despavorida y Nina, que con cinco meses murió asesinada como consecuencia de un puñetazo humano y cuarenta grados al sol; la corrupción unida de nuevo al nombre de Madrid; la risa de Trump y otra masacre de odio en Estados Unidos; mi ciudad en llamas, tu ciudad en llamas, su ciudad en llamas; más agresiones sexuales y mujeres asesinadas por ser mujeres; un brote al que nadie sabe poner fin; tormentas como preludio de más desastres venideros.

Confieso que hay ocasiones en las que abro los ojos, veo la realidad y prefiero seguir dormida, pero entonces cojo un libro, empiezo una serie o charlo con mi abuela, que me dice eso de: «Yo tenía dos manos para trabajar, dos chiquitos a los que criar y una tierra en la que tropezar y salí adelante», y pienso que el mundo siempre fue así, siempre estuvo roto, entumecido, malogrado como el que despierta de una siesta excesiva. Y que las piedras existen, sí, pero también existe la capacidad de rodearlas.

De modo que así vuelvo este nuevo curso a Madrid: con los ojos abiertos y la reserva de ganas y oxígeno llena, con la rea-

Poder hacer lo que uno hace cuando el tiempo no importa.

lidad bien presente y con mis libros siempre cerca, claro, que unos pocos sueños siempre vienen bien.

Qué anestesia aquí tan lejos

Qué anestesia aquí tan lejos, mi amor.

Qué distancia, qué salto en el tiempo, qué extraño todo cuando no son tus calles las que piso, cuando no es tu olor el que traigo en mis manos. Qué raro no oír tu voz en las mañanas, sentir el frío de las imágenes que me llegan bajo un sol distinto. Soy incapaz de tocarte si alargo el brazo y eso siempre me produjo intranquilidad, como si la realidad fuese otra y yo me hubiera quedado encerrada en un sueño cómodo desde el que soy testigo pero no intérprete. El otro día escuché a alguien decir que uno siempre pasa más frío cuando duerme lejos de casa.

Qué anestesia aquí tan lejos, mi amor.

Son las siete de la mañana aquí en México y llevo despierta algo más de una hora. La luz que llega a este vigésimo séptimo piso se filtra por unas cortinas que colocamos juntas a propósito para forzar el descanso, pero eso no es suficiente porque la vida siempre tiene prisa, siempre tiene ganas. Yo la miro y le pido un poquito de tregua, pero no sirve de nada y confieso que eso me gusta. Doy vueltas, me engancho de la pantalla, pienso en ti. Me levanto, me lavo la cara e intento cerrar los ojos, pero mi cabeza ya gira como giran los coches en las rotondas de este país tan escandaloso. Ha pasado una semana, pero aún no me acostumbro a este reloj diferente, aunque el trabajo me obligue. Empiezo a saber cómo son los días

*Mi vida funciona así: voy buscando lugares que comprendan mi dolor
y no se asusten. Aquí me lloran, pero también me abrazan.*

cuando uno no duerme lo suficiente, y lo cierto es que todo funciona porque he decidido dejarme llevar por el tiempo y lo que trae. Me lamento a veces, no lo niego, pero cuando viajo, aunque sea por motivos de trabajo, siempre encuentro lo que busco aunque lo que busco sea algo que no existe.

Porque mi vida funciona así: voy buscando lugares que comprendan mi dolor y no se asusten. Aquí me lloran, pero también me abrazan, y ambas cosas lo hacen sin miedo. Cuánto cabe en esa frase, qué fácil sería todo si... Así que recojo sus lágrimas, me llevo sus abrazos y hago hueco en la maleta y en las páginas en blanco para intentar hablar de la paz que siente uno cuando se despoja del frío aunque el cansancio sea pesado.

Un amigo me contó el otro día que se fue a Madrid porque tuvo que irse de París. La importancia de las palabras, tú lo sabes bien, Elvira, me dijo, con una neblina momentánea en los ojos que le llevó a un sitio tan lejano que me senté durante horas a esperar su regreso. Y ahora le entiendo: vivir no es un movimiento hacia delante.

Somos nosotros, caminando en círculos, tratando de encontrar un sitio en el que sentirnos a salvo.

El olor de la ciudad

«Este olor —le dije a Miranda al salir de la terminal de llegadas del aeropuerto—, cómo lo echaba de menos.» No sé a qué huele Madrid, pero no se parece a nada que haya conocido antes.

Hay mañanas en las que huele a mis primeros días en la capital. Vivía en Las Vistillas y por la mañana todo era verde.

Me despertaba el ruido del cortacésped, pero no era una molestia. El olor, fresco y mojado, me llevaba a mi casa en Segovia, la cual echaba de menos sin darme cuenta porque quise alejarla durante un tiempo, hasta que volví a reconocer sus bondades. Todavía recupero ese olor, años después, y pienso en esa última hora en la que recibí un último beso que me merecía. Fue un tiempo de amores locos, emociones jóvenes y personas cruzadas. Quizá es cierto eso de que uno vive a los veinte lo mismo que el resto de su vida. Yo no me he sentido más capaz y más frustrada a la vez que entonces. Todo olía a nuevo, hasta la tristeza. Y todo sabía, también, a única vez, aunque no fuera la primera.

Hay otros momentos en los que Madrid huele a la velocidad impar de Lavapiés, el barrio que ocupé cerca de cuatro años. Qué cambio, qué urgencia y cuán alto volaba el mundo mientras mi vida se calmaba. A veces sucede así: cuanto más rápido pasa todo, menos prisa tiene una. Aquel fue un tiempo de reposo, de encontrar el lugar adecuado para colocar las cosas importantes, y también de aceptar lo que es vivir echando de menos, no tanto como un castigo sino como una solución. Aún no era yo, tardé tiempo en serlo, pero aprendí poco a poco a cobijarme en esta ciudad de laberintos y escondrijos. Recuerdo un domingo blanco en la mañana que salí sola a primera hora. Caminé por otros barrios y observé otras vidas. Aprendí más ese día que las noches que lo precedieron.

El dolor me alejó de esas calles que crujían bajo mis pies cada vez que las pisaba y así llegué a este olor distinto que me despierta hoy: limpio, casi nuevo, donde aún me cruzo de golpe con aromas de otros tiempos. Pero lo cuido, claro que lo cuido, porque no quiero todavía que llegue el momento en el que este también sea un recuerdo y ya solo me quede la melancolía para rescatarlo.

Porque para mí la nostalgia es eso: un olor que uno recupera sin darse cuenta, de manera repentina, que le deja sostenido por encima del suelo unos instantes, escasos pero suficientes, para irse a un sitio tan lejano que nada le alcanza. Quedarse ahí, un breve momento. Y volver. Seguir caminando. Y respirar un olor al que ya nada se le parece.

OTOÑO

Todos mis aviones

Por trabajo, paso largos ratos en los aeropuertos. El avión no es mi modo de transporte favorito. Me estresan la cantidad de horas previas, los controles rutinarios de equipaje, el justificante médico siempre a punto para documentar la insulina o la mano a la espalda constantemente para comprobar, con alivio, que el pasaporte sigue ahí, como si en los aeropuertos existieran personas más preocupadas por el pasaporte ajeno que por el propio. Un rato después, una cruza los controles, respira con tranquilidad y se adentra en los largos pero estrechos pasillos cuando hay prisa y toca correr.

Sea como sea, hay algo que me encanta de los aeropuertos grandes, como el de Madrid. En los pequeños me da la sensación de que no ocurre nada, que los vuelos no llegan a sitios diferentes. Sin embargo, en las terminales del Adolfo Suárez suceden tantas cosas que es imposible imaginarlas todas. Cuando los controles terminan y llega el momento de sentarse a esperar durante una hora larga el despegue, entonces una tiene tiempo de observar a quienes tiene alrededor.

Porque la vida también es eso: viajes de otros, destinos inalcanzables, horas de espera en las que uno no pertenece a ningún lugar y se dedica a observar la vida de los otros.

Hay varios tipos de viajeros. Están los solitarios, personas acostumbradas al tránsito aéreo, trabajadores de alguna empresa con sede en otro país que deben coger vuelos con cierta regularidad. Van elegantes, sus maletas son pequeñas y oscuras, a veces se quedan en *business* y suelen ser los primeros en salir. Los puedes situar en aviones, en trenes o en taxis: sus semblantes son los mismos, ajenos al cambio de ubicación. Están las familias, parejas con niños que son pequeños pero tienen los suficientes años como para recordar su primer o segundo viaje en avión, lo que los llena de nervios y ruido. Uno los mira con admiración y compasión. Es probable que un niño sea lo único que está por encima del pasaporte cuando se trata del miedo a perder cosas. También existe otro: el que es joven y va en grupo con destino a algún paraíso o quizá de excursión o voluntariado. Los nervios son los mismos que los de un niño, pero al mirarlos con atención puedes darte cuenta de que hay algo ahí: un atisbo de madurez, una señal de que ese salto en el aire va a traer a alguien muy distinto de vuelta. Mi favorito es el viajero que vuelve a casa: esa emoción es única, envidiable y a la vez tristísima. Luego hay soñadores, pasajeros melancólicos que inundan las estaciones, esos a los que les gusta mirar el despegue y el aterrizaje de aviones a los que nunca subirán porque la vida también es eso: viajes de otros, destinos inalcanzables, horas de espera en las que uno no pertenece a ningún lugar y se dedica a observar la vida de los otros porque esa es a veces la solución a todo lo que uno no comprende.

Si alguna vez me ven mirando por la ventana en una terminal, observen. Puede que en ese instante encuentren la respuesta que buscaban.

Las respuestas olvidadas

No existe un desafío mayor que el de ser cuestionado por un niño. Es un reto maravillosamente complicado. Cuando uno responde a un niño debe ser, en mi opinión, dos cosas: sincero y responsable. Todo lo demás: las historietas, los adornos o las vueltas de tuerca no sirven para nada. Los niños están mucho más capacitados que los adultos para comprender las cosas, y eso no implica ni tratarlos como tontos ni intentar salvaguardarlos de las realidades más feas. Esta última generación, en la que me incluyo, ha crecido protegida, puesta a un lado, encapsulada en una burbuja de aire opaco que nos ha hecho darnos de golpe contra la vida cuando hemos dejado de ser niños. No digo que la intención fuera mala, pero no funciona. Hemos pasado de ser niños estrella a ser jóvenes estrellados.

Reflexiono esto a propósito del vídeo que se ha visto estos días en una cadena autonómica en el que el alcalde de Madrid acude a un centro de la capital a conversar con un grupo de niños. Nada malo si no fuera por el riesgo que tiene exponer a niños a charlas tan politizadas como la suya. Me parece buena idea que un político acuda a un centro educativo, pero en mi opinión debería hacerlo para hablar desde la política y no desde un partido o una ideología. Ilusa de mí. Las perlas que suelta el alcalde son de aúpa (a estas alturas ya hemos visto todos que escogería antes salvar Notre Dame que el Amazonas) y tremendamente peligrosas, pero la reacción de los niños es tan pura, tan de verdad y está tan a la altura, que una piensa con alivio en el futuro y se le pasa el desasosiego.

Yo quisiera eso para los hijos que aún no tengo. Me gustaría saberlos capaces de preguntar y capaces de responder, que mantengan esa sorpresa a la hora de escuchar ciertas barbaridades, que cuestionen todo, hasta lo que no existe, y que tengan un grado de empatía suficiente para poder alzar la voz por los que no la tienen. Por eso, si se enfrentan a conversaciones como estas, les pediré reflexión al llegar a casa, que me den las respuestas que ellos consideran correctas, que hablemos de la importancia de llegar a conclusiones por uno mismo. Una vez hice un viaje en caravana con Dani, el hijo de una amiga, y me pasé toda la semana charlando con él. El crío solo me respondía con una pregunta —«¿por qué?»— a todo lo que le decía. No me he vuelto a sentir tan consciente de las cosas que uno dice como entonces.

Recuerdo una vez en el instituto en la que le lancé una pregunta a un político que vino a hablarnos: ¿por qué, si todos somos iguales, los homosexuales tienen prohibido casarse? Olvidé su respuesta, es la mejor noticia de todas. Espero que los niños de ese centro también olviden las de Almeida.

La vida en los mercados

Me gustan los extremos. No en todo, por supuesto, solo en aquello que es circular y termina tocándose.

Madrid es una ciudad de extremos. Es pequeña, pero tiene el protagonismo suficiente para poder abarcarlo todo. No le hace falta altura para crecer: su expansión es hacia dentro, como las personas cuando crecen. Por eso me gusta, porque no siempre existe esa necesidad recurrente de buscar fuera lo que uno anda queriendo dentro, porque eso es tan difícil como saltar y llegar a otro sitio.

Un ejemplo de esos extremos de los que os hablo es el de los mercados de abastos. Me apasionan los mercados de Madrid y la tristeza que rodea los locales que van cerrando. El tiempo pasa para todos, pero frente a algunos se queda quieto y no avanza, y eso es demoledor. Uno no piensa que pueda existir en una ciudad como esta, tan llena de edificios altos, gente exitosa y empresas internacionales, algo condenado al fracaso. ¿Cómo pueden darse ambos extremos en la capital? Pues sucede. Ni este es un país tan importante ni sus ciudades están exentas de las caídas.

Pienso eso mientras paseo por el mercado de Santa María de la Cabeza. Dos mujeres se encuentran en el ascensor y se preguntan por sus vidas. Una le recrimina a la otra que hace tiempo que no se cruzan por la parroquia y la otra le responde que ahora va los sábados. Así, el mercado es su único lugar de encuentro. En la frutería, el dependiente me recomienda los mejores tomates para hacer una sopa y sale de su puesto para explicarme el sabor de la variedad canaria. Me paro en la pescadería, donde el señor que atiende le comparte una receta de rape a Miranda, que vuelve entusiasmada a casa pensando en cómo le saldrá. Un señor me mira sorprendido: creo que no es usual ver a jóvenes por los mercados. A la salida, compramos una docena de huevos de gallinas en libertad a las que, si una presta atención a la muchacha que los vende, se las puede ver pastar felices por los montes verdes de la costa gallega.

Ese micromundo maravilloso de los mercados me enseña, por ejemplo, que uno es capaz de plantarle cara al tiempo y seguir adelante, pero también que a veces la vida nos devora y nos suelta en otro sitio, y que cuando lo que siempre quisimos ya no funciona uno ha de cambiar de forma y encajar en otros lugares.

Esos mensajes tóxicos de «nada es imposible», «si lo sueñas, lo tienes», «puedes conseguir todo lo que te propongas» no hacen más que alargar, en ocasiones, fantasías que no coinciden con la realidad particular de cada uno. Y eso es un problema. Deberíamos cambiar los tópicos por: «hay cosas imposibles, pero intentarlo es necesario», «no solo con soñarlo vas a tenerlo, pero sí vas a vivir el camino», «proponérselo ya es un éxito».

No sé. Quizá así consigamos vivir más tranquilos. Como la vida en los mercados.

Planes de domingo

Desde que llegué a Madrid he vivido distintos planes de domingo. Recuerdo que al principio eran todos iguales: una resaca profunda, el sueño que iba de la cama al sofá, algo rápido para comer, un poquito de mal humor, conversaciones sobre lo extraño de la noche anterior, el sello medio borrado en la palma de la mano, mensajes en el teléfono de alguna desconocida que ya no te apetece conocer. Un día perdido, no cabe duda, aunque con veinte años, una ciudad nueva y un ansia imparable por querer devorarlo todo una cree, y no se equivoca, que en la noche se encuentra lo que se pierde durante el día.

Me aburrí pronto y la ciudad cambió para mí. Me pasé a los planes nocturnos y tranquilos en casa y descubrí cómo era

Me gusta pasear por el Rastro al menos una vez al mes,
descubrir algún tesoro, tomar algo en plena calle.

la capital a primera hora de la mañana un sábado o un domin-
go. Limpia, abierta al mundo, silente, casi provocadora. Blan-
ca, más blanca que una nube. Nos equivocamos: el momento
perfecto para hacer algo que no queremos que sea descubier-
to es un sábado a las ocho de la mañana. Bajo la luz nadie des-
confía, ni duda, ni tiembla. Bajo la luz nadie miente.

Un día me fui sola a ver la obra de teatro para niños de un
amigo en el Lara. La sesión era temprana y fui caminando
desde Lavapiés. Me puse música y fui observando durante el
camino: los barrenderos se deshacían de la suciedad de los noc-
turnos, algún que otro borracho volvía a casa sin ganas, mu-
jeres mayores entraban en las parroquias, el bullicio previo se
apagaba poco a poco y los ruidos de bares se transformaban
en risas de niños. Otro Madrid se mostraba ante mí: aquel era
un escenario paralelo que apenas duraría un par de horas más.
Me gustó. Recuerdo que volví a casa y escribí un poema so-
bre aquel lugar blanco.

Aquello me hizo ver las posibilidades de una ciudad en la
que todo es posible. Ahora no hay un domingo que no apro-
veche. Me gusta pasear por el Rastro al menos una vez al mes,
descubrir algún tesoro, tomar algo en plena calle. También dis-
fruto llevando a los perros a algún sitio: Madrid Río, el par-
que canino del Retiro, la sierra si hay tiempo. Otros días nos
inventamos excursiones y nos vamos con el coche a pasar la
mañana a algún pueblo cercano. El otro día, por ejemplo, nos
fuimos a El Escorial a comer en El Charolés, conocido por
tener el mejor cocido del mundo, lugar imprescindible para
quien quiera saborear de verdad esta ciudad. En verano nos
vamos al Manzanares y en invierno nos abrazamos juntos en
un banco del barrio, entramos en algún museo para ver la ex-

posición del mes y llamamos a nuestros amigos para inventarnos algún plan que puede acabar, como hace dos semanas, en una pista de baile a las cinco de la tarde.

Así es Madrid: una ciudad encendida, de todos los colores.

Todos por todos

Es este un tiempo duro, marcado por las decisiones de otros que nos afectan a todos. ¿Acaso no fue siempre así? Tiendo a ser cada vez más consciente de que no todo es como parece, de que nada está dado y de que ningún acto es irremediable. Últimamente solo veo llamas: en los bosques, en las casas, en las calles, en las bocas. El mundo es un incendio. Y yo no quiero entenderlo todo, pero necesito hacerlo, y en esa dicotomía transcurren mis días.

Llamas. Hay llamas en Chile, donde veo a una manifestante abrazando a un carabinero que llora desconsolado quién sabe por qué. Quizá querría estar al otro lado, quizá no tenga otra opción. Hay una voz desconsolada pero firme que se escucha desde la calle y canta a Víctor Jara y arranca los aplausos de los que, cansados, siguen luchando. Hay llamas en Madrid, donde trasladan los huesos del dictador que provocó el incendio a otro lugar. No puedo dejar de pensar en la suerte que tiene la familia Franco: al menos ellos van a saber dónde está enterrado su pariente. No me quito de la cabeza a los cientos de miles de personas que no saben dónde están los suyos. Siento tanta vergüenza que no puedo expresarla. Y también hay llamas en Cataluña, donde la gente llora, donde la gente protesta.

Hay llamas en los oídos de quien no quiere escuchar que el camino está ardiendo.

Hay llamas en las manos de quien ya no tiene nada que perder.

Y hay llamas en el territorio, una palabra tan equívoca como peligrosa. Ojalá lucháramos, en cambio, por la tierra. Ojalá consiguiéramos así apagar todos los incendios.

Así, hay días en los que evito las noticias y otros en los que las busco y contrasto para poder ejercer un juicio justo sobre lo que acontece. Sea como sea, el desaliento es mayúsculo, y ahí es cuando una saca sus armas positivas y trata de ver la belleza que aún existe. Puede verse en el perdón de quien ataca primero, en el silencio que otorga respeto y confirma desconocimiento, en la tristeza de quien sabe que llega tarde, pero a pesar de ello no deja de correr, o en aquel que se retracta al equivocarse de diana. Puedo ver belleza en el que se atreve a opinar sin esperar respuesta, en quien manda su apoyo a las personas y no a los bandos, en quien tiende su mano y no deja de comprender el hastío del otro.

Es este un tiempo duro, lleno de llamas y focos de fuego descontrolado. Sirvan estas palabras como agua. Sirvan estas palabras como una mano en el pecho que frene, por un instante, todos los conflictos. Sirvan estas palabras para coger aire.

Y sigamos todos luchando por todos.

Es la única manera.

Los *flashes* y la lluvia

Si algo tiene Madrid de especial es que los días que empiezan como los demás pueden terminar de cualquier manera. Yo soy afortunada porque me llegan invitaciones a muchos eventos, acudo a sitios a los que no he ido nunca y me veo en lugares en los que nadie me imaginó.

La revista *Cosmopolitan* me ha dado un premio por mi trayectoria literaria, cosa que me hizo una ilusión tremenda, y eso me llevó a vestirme de gala y a pasear por el Retiro entre *flashes* de fotógrafos y rostros conocidos. La exposición no es algo que me apasione, y eso es algo que se nota. Veía a los viandantes observar curiosos y hacer fotos a todos los que pasábamos por ahí y me acordaba de dos momentos. Uno, hace no tanto, en una sesión de fotos para una revista cultural en pleno Callao. Me pidieron que me plantara en medio de la plaza y sonriera al fotógrafo. Al rato, había media docena de personas, casi todos turistas, apuntándome con su cámara móvil, seguramente sin tener ni idea de quién era yo, pero capturando el momento quién sabe por qué. Me pareció raro, algo triste, sin duda superficial. El segundo momento se remonta a hace ya unos cuantos años. Yo era muy pequeña y vine con mis primos desde Segovia al estreno de un musical. Nunca habíamos estado en la capital y nos pensábamos que guardaba tres famosos por metro cuadrado, así que nos vinimos con una libreta y un bolígrafo dispuestos a la caza del autógrafo. Tuvimos suerte porque nos cruzamos con un elenco bien variado: unos cuantos actores de *Aída*, la duquesa de Alba con sus nietos, Jesús Mariñas y los Pereza. Todos amables, dispuestos, sonrientes. Nosotros, felices.

Hay días que Madrid se presta a la gala por sorpresa
y al cóctel entre brillos.

Con esos recuerdos en la memoria miré a los que me miraban bajo la luz del *flash* y cuchicheaban entre ellos quién era este o quién era esa. Yo suelo hacer un esfuerzo y levantar la mirada para facilitar el trabajo del de enfrente, aunque por dentro lo que me apetezca sea estar al otro lado a causa mi timidez. Los más conocidos levantaban los mayores suspiros y atenciones y, a juzgar por su expresión, parecían disfrutarlo, aunque me es inevitable pensar que quizá no siempre sea así. Luego pasa la expectación, el foco de atención se dirige a otros y es entonces cuando disfruto la fiesta, charlo con los invitados, sonrío de verdad en las fotografías y bailo como si nadie me mirase porque por suerte es así: nadie nos mira cuando el foco se apaga.

Hay días que Madrid se presta a la gala por sorpresa y al cóctel entre brillos.

Otros, como hoy, me empuja a quedarme en casa mientras la luz se va yendo y las gotas de lluvia van cayendo por la ventana en una carrera vertiginosa por ver cuál de ellas se convierte antes en charco.

Yo las observo, como una turista, y sonrío.

Un acto de bondad

Fin de semana y dan frío en Madrid, pero quién sabe. Hay nubes y de pronto caen gotas enormes que al chocar contra el suelo suenan como cantos rodados. Me apasiona ese momento costumbrista tan urbano en el que uno se asoma al balcón para ver qué es eso que suena y se encuentra al vecino de enfrente haciendo lo mismo, buscando un motivo, para después entrar de nuevo en el salón, cerrar con fuerza la ventana y exclamar «qué loco está el tiempo».

Me gusta observar a la gente, adelantarme a sus movimientos, comprobar *in situ* lo escandalosamente iguales que somos todos, aunque pensemos que no es así. Apenas nos diferencian un par de detalles, por mucho que nos empeñemos en lo contrario. Quizá si acentuáramos lo que nos acerca y no lo que nos separa podríamos encontrar un lugar donde vivir todos tranquilos.

El caso es que dan frío, pero entonces una sale a la calle y hace calor, el abrigo sobra, el metro asfixia. Y no sabe bien a qué atenerse. Se acercan elecciones, una palabra que antes ilusionaba y ahora provoca hastío. Sin embargo, es la primera vez que voto en persona en Madrid desde que me empadroné en la capital. Apenas recuerdo la última ocasión en la que lo hice porque ya no se puede contar de cuatro en cuatro, pero las últimas han sido siempre por correo porque me han pillado fuera de la ciudad. Esta vez no, y esa es una de las cosas que le dan a esta cita algo de emoción. Otra: la necesidad de un movimiento, de tener al menos una razón para protestar si las cosas no se hacen bien.

Votar me parece uno de los actos más hermosos que existen, sigo creyendo en su valía, sigo pensando que todo se decide en un acto tan arcaico como meter un sobre en una urna. Las manifestaciones, los mensajes en redes cargados de rabia, las canciones o los poemas sociales, las conversaciones críticas en las reuniones de amigos, las lágrimas que se vierten al ver las noticias: todo eso es polvo si el domingo no se ejerce el derecho al voto.

Me he dado cuenta de dos cosas.

A la maldad se le perdona todo. A la bondad, en cambio,
no solo se le exige bondad: se le exige perfección.

La primera es que es muy fácil hacer las cosas mal, pero tremendamente complicado hacerlas bien. A la maldad se le perdona todo. A la bondad, en cambio, no solo se le exige bondad: se le exige perfección. Por eso hay que proteger la bondad y rechazar la maldad.

La segunda es que es difícil, si no complicado, saber siempre lo que uno quiere y estar de acuerdo en todo con algo o alguien cuando ni siquiera lo estamos con nosotros mismos. Sin embargo, es sencillo saber lo que no queremos, lo que no nos gusta, lo que no aceptamos.

Con esas dos premisas voy a acercarme al colegio de mi barrio, donde me toca esta primera vez, a colocar mi papeleta donde debe estar. Haga frío, sol o caigan piedras del cielo. Porque es mi derecho, es mi poder, es un acto de bondad, de rechazo y de defensa.

Se llama tolerancia

Leo en una noticia que se puede ver la tendencia mayoritaria de voto en tu barrio e, incluso, en tu calle. «¿Qué votaron tus vecinos el 10N?» La curiosidad me pudo y lo busqué. Fui directa a Madrid: el color rojo y el azul inundaban un territorio indudablemente segmentado. En mi calle la tendencia estaba dividida: en los primeros números aparecía el color rojo del PSOE y en los últimos, el azul del PP. Si me acercaba a Lavapiés, el morado inundaba el barrio; y si cruzaba a Retiro, el azul ocupaba todo el mapa. Ya en la periferia, la parte más industrial, el verde asomaba la cabeza. Eso, sin duda, hay que tenerlo en cuenta.

Sucede algo que creo que puede ser uno de los gérmenes de todas las disputas. Desde pequeños, a una gran mayoría se nos enseña eso de que «el voto es privado», lo que provoca en otros suposiciones y juicios; en algunos casos vejaciones o insultos; y en otros, radicalismos, en cuyo caso, si son personajes públicos quienes lo manifiestan, llevan a algunos a dejar de consumir su obra o seguir su trabajo. Muchos llevan su ideología política a cuestas como el secreto de un niño y tantos otros la ocultan por miedo a lo que pueda decir el otro. Parece que la sociedad nos empuja a una suerte de deriva en la que solo caben los iguales, los que no se cuestionan.

No niego que hay ideales incompatibles e ideologías frente a las que hay que luchar. Por principios, no puedo establecer una relación social con alguien que, por ejemplo, niega la existencia de la violencia de género, rechaza la ayuda al inmigrante o está en contra del matrimonio homosexual. Pero dejando los extremos radicales a un lado, sí creo en la posibilidad, un tanto utópica, soy consciente, de no dejarse llevar por los prejuicios, de ser capaces de sabernos y mezclarnos, de respetarnos como seres complejos y distintos. Qué difícil es saber no estar de acuerdo con alguien.

Un par de días antes de las elecciones me topé con un vídeo que mostraba unas imágenes previas al debate de las candidatas de los distintos partidos. En ellas se podía ver a la candidata del Partido Popular saludar con cariño a Aitana, la hija de Irene Montero, que a su vez estaba acompañada de la candidata de Ciudadanos. Recordé las últimas imágenes del debate pasado, en el que Pablo Casado y Pablo Iglesias compartían confidencias sobre sus partos prematuros. Me quedé sorprendida y pensé: ¿por qué no salen estas imágenes con más frecuencia en los medios? ¿Por qué no nos enseñan que es posible debatir frente a los atriles y mantener un trato personal cordial fuera de ellos? Si sus principales representantes son capaces, ¿por qué a nosotros nos cuesta tanto?

Debemos huir de la disputa y de la confrontación para poder compartir espacios. Creo que se llama tolerancia, y nos falta mucha.

Andrés

Debo pedir disculpas. Sé que ahí afuera el mundo está sumido en un ritmo vertiginoso, que las noticias se suceden unas a otras con una velocidad de escándalo y que hay cientos de temas interesantes sobre los que escribir, pero es que en mi cabeza solo existe uno. Después de muchos meses de trabajo, ha llegado la fecha: el 21 de noviembre estaré con Andrés Suárez en el escenario del WiZink Center de Madrid haciendo algo que no se ha hecho antes: llevar la poesía y la canción de autor a un escenario enorme ante miles de personas. Madrid, no podía ser otro lugar. He de hacerlo, y no por mí, que las emociones me llegan *a posteriori*, sino por el compañero que llevo al lado, el capitán de todos mis barcos: Andrés. Se merece todos los homenajes del mundo. Porque no solo vamos a hacer historia. También vamos a hacernos felices.

Cuando me propuso en una comida en Torrelodones hacer un espectáculo de música de autor y poesía en el antes llamado Palacio de los Deportes, le dije que sí. Así de fácil: sí. Igual que le hubiera dicho que sí a hacer un recital en la Antártida e igual que le diría que sí a llevar «Desordenados» a todos los países del mundo. Exactamente igual que la banda nos dijo que sí a nosotros. Su energía, hiperactiva, casi histérica, hambrienta y capaz de todo encaja con la mía, que es tranquila, perfeccionista, algo insegura y nerviosa y capaz cuando así la creen. Él sabe que cuenta con mi sí, no importa cómo, no importa cuándo: sabe que lo tiene. Y yo sé que nadie mejor que él cuida de ello.

Lo que hemos conseguido, independientemente de lo que vivamos sobre el escenario, ya es hermoso. Hemos compartido decenas de entrevistas, kilómetros de atascos y nervios siempre en paralelo, nuevas ideas casi a destiempo, grandes platos de lentejas en casa, risas cuando su locura estalla, abrazos cuando la ansiedad le puede, madrugones para ensayar a dos grados en una nave industrial donde hacía un frío que no se notaba cuando la banda se ponía a tocar.

Yo continúo mirándole con admiración, así será siempre. Me gusta pensar que le sigo en vez de caminar a su lado, aunque sé que él negaría lo último, que nos colocaría en el mismo lugar, pero es que para mí un sueño es un sueño hasta que se alcanza. Luego se convierte en otra cosa. Y Andrés es el mismo desde que cantaba hace años ante diez personas en el Libertad 8, así que no seré yo quien le cambie.

Cuando le miro y asiente, sé que todo va bien. Si no lo hace, sé que no lo dejará pasar sin arreglarlo. Así es fácil hasta lo que yo creía imposible: dar botes en un escenario, rapear un poema, llevar la palabra a un estadio.

Te quiero, Andrés. Lo hemos conseguido.

Hicimos historia y nos hicimos felices.

El camino de vuelta a ningún sitio

Éramos muchos. Mujeres, hombres. Por primera vez, vi una gran cantidad de niñas. Una de ellas era diminuta y leía sílaba por sílaba con su madre uno de los carteles clavados en el césped. Pasó del más que probable «mi mamá me mima» del colegio al «tranquila, hermana, somos tu manada». También me sorprendió la cantidad de ancianas que marchaban al mismo paso que los demás y gritaban con más fuerza que algunas jóvenes. Una de ellas, abrigada y con el labio carmín, esperaba de pie en la calle Alcalá y animaba a las manifestantes como si aquello fuera una maratón. Aplaudía con rabia y seguía los cánticos al mismo tiempo que sonreía y buscaba nuestros ojos con intención, como si quisiera pasarnos el testigo con la mirada sin abandonar la lucha, nuestra lucha, porque la batalla contra la violencia machista es algo colectivo, nos incumbe a todos, describe la sociedad que formamos y en la que convivimos, la misma que nos representa. Y las mujeres mayores son las que más pueden enseñarnos de todo esto.

El ambiente era cálido y pacifista. Una marea imparable. Un abrazo. Sin embargo, a la altura del Círculo de Bellas Artes, una gran bola de luces navideñas colocada por el Ayuntamiento de Madrid empezó a parpadear. Casi a la vez, y para sorpresa de todos los que estábamos allí, salió un sonido estrepitoso de los altavoces que la rodeaban. Era un villancico navideño a un volumen multiplicado. Tras el primero, siguió un segundo, y después un tercero. La perplejidad en nuestros rostros dio paso a la rabia, a la incomprensión. Fue, a mi modo de ver, una verdadera falta de respeto por parte de la alcaldía, sobre todo teniendo en cuenta el bochorno ocurrido esa misma mañana en el pleno, el cual me niego a reproducir y difundir. Finalmente, los cánticos se convirtieron en silbidos que consiguieron callar el estruendo de los altavoces, porque esto nadie lo para.

No era ni el lugar ni el momento para los villancicos. Lo que todos queríamos es que se escucharan nuestras voces, nuestra repulsa a la violencia machista, a la falta de leyes que hagan justicia, a los malvados negacionistas que lo único que quieren es retrasar el avance de este país y al ver que no pueden gritan y patalean al aire. Pero nada se puede esperar de una institución que ha plagado la ciudad de luces y adornos navideños, gastándose así un 27,7 % más que el año pasado, un total de más de tres millones de euros, mientras los servicios públicos madrileños están saturados, con escasa cobertura de trabajadores, y las familias en situación de riesgo de exclusión social en la calle porque no pueden cubrir sus necesidades a causa de todo esto. En la calle, con frío, sin un techo, pero con cientos de luces navideñas que les alumbran el camino de vuelta a ningún sitio. Esa es la realidad de estas Navidades. Ojalá todos nos diéramos cuenta al cantar un villancico.

La vida en una única escena

La primera vez que lo vi fue dando un rodeo al parque con los perros.

Acababa de mudarme al barrio y pasé por casualidad por la parte de atrás del edificio. Eran las siete o las ocho de una tarde de invierno, por lo que la oscuridad era casi absoluta. Entonces vi una luz que salía de un ventanal casi a mi altura y me asomé. Muy a lo lejos observé un grupo pequeño de personas, pero tuve que agudizar la mirada para darme cuenta de lo que hacían. Los perros, tranquilos, me esperaban. Entonces los vi: eran ancianos, algunos más sombra que cuerpo, repartidos en varias mesas redondas, cenando lo que imaginé que sería un plato de algo, quizá una sopa caliente. Parecían los últimos. La luz la aportaban dos mujeres vestidas de blanco que los asistían. La escena, vista desde mi posición, lejana pero curiosa, bien podría interpretarse como una ventana al futuro. Nunca había visto una residencia casi desde dentro y confieso que la imagen era algo amarga. Volví cabizbaja a casa pensando en cómo debe ser sentir que es el final.

La siguiente vez descubrí la entrada principal dentro del mismo parque. Era un sábado por la mañana. Los ventanales, más grandes y altos, daban a la zona recreativa donde los niños se tiraban por los toboganes bajo la atenta mirada de sus padres y de algunos canes. Justo al lado, un grupo de señores jugaba a la petanca. La misma vida en una única escena. Tras la puerta de entrada, un hombre acariciaba la mano de su mujer, en silla de ruedas. Ambos miraban hacia los columpios, pensando quizá en el pasado. Él, vestido de domingo e impoluto, le susurraba cosas a la anciana, abrigada con una manta y con los ojos en otro lugar. Parecía que ese hombre no necesitaba nada más que ese momento, breve, a su lado.

Otro día bajé al parque casi a la hora de comer. El olor que salía del edificio nos llevó a los perros y a mí a detenernos ante la puerta de la residencia, hambrientos los tres. Dentro, las mesas completas, los ancianos alegres, los trabajadores enérgicos. Sus voces se oían desde fuera y cerré los ojos, casi oliendo los platos de mi abuela. Un rato después, pude verlos ha-

ciendo lo que parecían actividades. Algunos jugaban a las cartas en distintos grupos y un puñado de mujeres se entretenía con un trabajador. Me fijé en los últimos, que se movían con energía, y descubrí que estaban bailando. No sé quién enseñaba a quién, si él a ellas o ellas a él, pero el baile de la jota era inconfundible. La alegría de sus rostros, también. Existe una felicidad especial en los sitios donde la vida se va pausando.

Hay días en los que paso por allí y me detengo.

Suelto a los perros y me quedo un rato mirando esos ventanales por los que el frío ya nunca entra y pienso en ellos, en los que entran y en los que salen, en los que los escuchan y en los que ya no hablan, y me entran unas ganas infinitas de abrazar a mis abuelos.

El mundo en el subsuelo

Existe un mundo paralelo que solo tiene lugar en el subsuelo de Madrid. Rechazado por algunos, confieso que yo también lo maldije o lo cambié. Hay momentos en los que provoca ansiedad, ratos de agobio profundo y un calor insostenible cuando quitarse el abrigo no es posible por la falta de espacio. Es normal: nadie quiere embutirse como el último jersey de una maleta pequeña en un vagón a las ocho de la mañana o a las dos de la tarde.

Sin embargo, el metro de Madrid es mucho más que todo eso. Uno viaja a través de un túnel por las tuberías de la ciudad, atraviesa las capas subterráneas y llega a la otra punta sin ver el cielo. Si se lo explicáramos a alguien del pasado, nos tacharían de brujos. En los vagones proliferan las caras autómatas, rostros visiblemente cansados que saltan de un lado al otro con esfuerzo, sin darse cuenta de que habitan un mundo distinto al que respira ahí afuera. Recuerdo una noche que estaba tan triste que no quería saber de la calle, así que hice varias veces el recorrido de la línea circular. De una punta a otra, me cobijé en un asiento y observé a los pocos transeúntes que quedaban ya por las vías. Solitarios, con los ojos puestos en otro lugar, acompañaron mi pena hasta hacerla habitable, y la sentí más amable, y me sentí más tranquila.

Por desgracia, en el metro también hay agresiones: vejaciones, insultos, gritos, faltas de respeto. Hay personas que molestan sin motivo y otras que sufren injusticias. Hay espectáculos bochornosos y momentos de verdadero pánico. Hay desprotección cuando se cierran las puertas y también hay robos con malicia.

Pero en el metro también suceden instantes de luz, aunque no haya ventanas. Por ejemplo, cuando entra una persona invidente al tren el mundo se pausa. La gente se quita los cascos, le presta sus manos, contiene la caricia al animal que la acompaña y hasta que no se sienta no vuelven a su sitio. También hay vagones enteros que aplauden al músico que les ameniza la espera, que canta alegre y contagia hasta al más taciturno, que sonríen a las pantallas que los graban. Todos los cantautores que conozco y que hoy llenan estadios han comenzado sus carreras en los pasillos del metro, y aún vuelven a ellos cuando el ruido se hace eco. Hay pasajeros que juegan con los bebés y los entretienen mientras la madre o el padre descansa lo que dura una parada. Hay ciertos sabelotodos que sostienen que la gente en vez de leer en el metro viaja en-

*Uno viaja a través de un túnel por las tuberías de la ciudad, atraviesa
las capas subterráneas y llega a la otra punta sin ver el cielo.*

ganchada al móvil, pero desconocen que el de al lado va hablando con su madre porque la echa de menos o que la de enfrente lee un poema en internet porque no tiene dinero para ir a la librería, y tampoco saben que todos los días alguien descubre un libro al leer un fragmento del mismo en la pared de cualquier vagón. Esa adolescente que sonríe a la pantalla con cara bobalicona está mucho más viva que el que la mira crítico y despectivo.

En el metro uno puede vivir mil historias distintas, como aquella chica extranjera que Miranda acompañó a un albergue al verla perdida en el vagón y preguntarle si necesitaba algo.

La clave es observar: comprender al otro mirándolo, ofrecer la mano antes de la caída, aprender a viajar sin sentirse apartado.

Parte del espectáculo

De niña fui muy futbolera. El fútbol me apasionaba, me hacía disfrutar. Era una rivalidad sana, además. No deseaba el mal al otro equipo ni me alegraba de la derrota del otro banquillo: solo quería ver a mi equipo ganar, alzar copas, llegar alto.

Así debió quedarse. Sin embargo, crecí y la introspección de la adolescencia me llevó a ver el mundo de otra manera. Fue entonces cuando descubrí la otra cara del fútbol, esa que critican los que no conocen la buena, la sana. Me di cuenta de que desde todas partes (publicidad, medios, discursos públicos, los propios equipos, incluso algunos políticos) se estaba alimentando una rivalidad desprovista de sentido alguno que llegaba a las gradas y a los aficionados en forma de violencia verbal, de insultos xenófobos y machistas. No recuerdo en qué momento los insultos de la grada y de los bares se hicieron más agudos que los propios cánticos de gol. No sé en qué momento comencé a prestarles más atención a ellos que a lo que pasaba en el campo. Sí me acuerdo del miedo que sentí una noche al salir del estadio. Tenía veinte años, el equipo local había perdido y la gente estaba furiosa. Mi hermana me pidió que me cubriera la camiseta, pero eso no me libró de los insultos de un aficionado. Fue la última vez que fui a un partido de fútbol masculino.

Jamás vi un castigo a esos insultos. Nunca nadie suspendió un partido por homofobia, xenofobia o machismo. No vi a ningún encargado echar a alguien del bar por lanzar esa agresividad contra la pantalla. Tampoco nadie se calló al ver en la banqueta de al lado a una niña con ganas de disfrutar un partido. Nadie condenó la violencia de los estadios, nadie habló de ella. Se dio por hecho, se asumió como parte del espectáculo. Y yo apagué la radio, cerré el periódico y perdí la pasión por el fútbol.

Hace unos días se condenó a la afición del Rayo Vallecano, equipo madrileño, por llamar a un jugador del equipo rival «puto nazi», lo que llevó a suspender un partido de Liga por primera vez. Y no fueron las peleas previas de las hinchadas, ni tampoco las amenazas de violación a una árbitra de dieciséis años, ni las advertencias de muerte de parte de algunos sectores, ni los insultos racistas a los jugadores, ni las provocaciones machistas a otros, ni los «puto maricón» que se oyen cada cinco minutos, momentos en los que los órganos responsables han dado la callada por respuesta. No, fue lo que han decidido calificar como un «insulto racista» el que despertó el juicio de los que mandan.

Yo reitero, con mucha pena, mi falta de fe en el fútbol masculino hasta que los mismos valores y disciplina que se promueven en el deporte se apliquen en los discursos y en las acciones. Creo que llegados a este punto hay que actuar con contundencia y exigir un diez a quien le corresponda. Hasta entonces, mi pasión irá a otros lugares muy alejados de los estadios.

INVIERNO

Días extraños

Observo a la gente. Algunos celebran las Navidades con una alegría pasmosa, como si ser feliz fuera tan fácil y solo dependiera de pasar los días señalados en el lugar adecuado. Los hijos que vuelven, las sorpresas orquestadas, regresos inesperados y emigrantes que solo tienen la Navidad para el reencuentro.

Son —somos— gente con suerte, que cuidamos a nuestras familias como lo que son: un refugio.

Otros aparentan una simpatía que está marcada por los hilos de la tensión, que son palpables bajo la algarabía y el frenesí de las reuniones familiares. Leo comentarios de personas de distintos géneros e identidades que vuelven a la casa de sus padres disfrazados de otros y esperan que todo termine para marcharse un poco más rotos, un poco más solos; mujeres que se preparan los días antes para ser cuestionadas por su falta de deseo maternal; vegetarianos a los que les ponen un plato de carne encima de la mesa con sorna; encontronazos con el pariente de turno, ese que solo ves los días señalados; la intolerancia como postre y una necesidad inconfundible de volver al círculo creado. También hay otros, cada vez más visibles, que hacen público su desasosiego para encontrar comprensión, esos para los que estos días festivos no son fáciles, son motivo de tristeza, ya sea por ausencias obligadas o por familias tóxicas. Y hay a quienes, simplemente, no les gusta. A ver: cada uno gestiona lo suyo como puede.

Lo cierto es que la Navidad nos trae momentos mágicos y duelos sin victoria. Me encuentro con una historia en Twitter que me emociona. Una chica ha compartido una foto de un regalo con envoltorio de El Corte Inglés que alguien se ha olvidado en un vagón del metro de Madrid y ha pedido difusión para encontrar al dueño. Los usuarios se han volcado y la noticia ha terminado llegando a los medios, a la propia empresa y a los encargados de objetos perdidos del metro. El regalo aún no ha llegado a Rosy, la destinataria, pero el espíritu navideño de Rocío ha contagiado a otros en su misma situación y la cadena de ayuda comunitaria sigue latiendo en los paquetes ya nunca más olvidados de los vagones.

También hay historias terribles, como la de Niebla, la perra de Ismael, que ha compartido un vídeo del animal sufriendo un ataque epiléptico para concienciar sobre el peligro de los petardos; o la historia de Lorena, quien cuenta que su familia la ha echado de casa en plenas fiestas y pedía difusión para encontrar trabajo y un techo en la capital. La razón: no llegar virgen al matrimonio con su chico.

Son unas fechas extrañas estas en las que los extremos conviven pared con pared.

Uno no sabe lo que está viviendo el de enfrente, lo que necesita el de al lado, lo que desea el que está detrás.

Por eso, si tienes suerte: abre los ojos, piensa en el otro, convierte tu alegría en empatía y hagamos que los buenos deseos toquen también al que ha perdido las ganas o no puede tenerlas.

Lugares puente

Nunca he terminado ni empezado el año en Madrid, la ciudad de los regresos. Siempre paso estos días en Segovia, con mi familia. Durante estas fechas, en la casa de mis padres es normal el trajín de las maletas y los viajes a la estación del AVE para llevar o recoger a mi hermana, que prefiere dormir en Segovia con nosotros aunque al día siguiente tenga que marcharse temprano al trabajo. Se lo agradezco porque mi vida con ella tiene mucha más luz, así que hago coincidir nuestros relojes para que no dude y todo sea más fácil.

Desde que tengo coche hago las veces de taxista y evito los desplazamientos de mi padre para recogernos a los perros y a mí. Es más cómodo para todos. Me da una independencia que según iba ampliando la familia se me antojaba necesaria, pues viajar con perros no es algo que las compañías de transporte nos pongan fácil. Al contrario: uno ha de buscarse el modo, a veces imposible, de llegar a casa, porque suele ser más sencillo cruzar el océano en barco que saltar los sesenta y pico kilómetros que me separan de Madrid.

He viajado en coche compartido y he conocido a muchas personas buenas que admitían los pelos de los perros sin rechistar. De aquellos trayectos aún recuerdo a Enrique, quien nos llevó muchas veces a Sevilla a Tango y a mí. En uno de

Esos viajes me unieron mucho a Tango, y cuando faltó todos los recuerdos juntos se hicieron más importantes.

esos viajes, Enrique transportó a una cachorrita de galgo que se iba adoptada. En el camino vomitó, se hizo caca un par de veces y tuvimos que parar, pero él no protestó: se bajó, la limpió, nos reímos un rato y continuamos el camino. Hace poco nos felicitamos la Navidad. Enrique no lo sabe, pero me acuerdo mucho de él porque esos viajes me unieron mucho a Tango, y cuando faltó, todos los recuerdos juntos se hicieron más importantes. En otras ocasiones, me montaba en el tren regional que sale desde Atocha en un trayecto que dura dos horas porque para en decenas de pueblos. Es un viaje casi olvidado que solo utilizan los ciclistas que van a la montaña y algunos lugareños, pero a mí me apasiona. Las vistas desde las ventanas desgastadas del vagón son espectaculares.

En esos viajes empecé y terminé libros, escribí mucho, imaginé más.

Solo unos pocos conocen la melancolía infinita que se respira en los vagones casi vacíos de un tren, en las miradas que se chocan preguntándose cuál será su historia, en esas puertas que se abren en pueblos recónditos por las que ya no entra nadie pero aun así se ofrecen, ajenas a las velocidades de la capital.

Ahora me conozco la autopista de memoria. Confieso que hay veces, cuando voy sola, que extraño el letargo de los viajes largos y giro por la nacional para volver a cruzar por esos pueblos que unen las dos ciudades más significativas de mi vida. Entonces pienso en la importancia de conocer aquello que hace posible las uniones, lo necesario que es transitar por los lugares puente, porque lo cierto es que la playa sin arena solo es mar.

La libertad también es eso

El otro día alguien me preguntó con qué palabra identifico a Madrid. Me resulta fácil: *libertad*. A pesar de lo manida que está, lo maltratada y vejada que la tienen algunos en sus discursos y, por supuesto, todo aquello que dejamos de lado cuando la usamos de manera generalista: no encuentro otra si echo la vista atrás.

Recuerdo esas mañanas en las que Andrea y yo no podíamos evitar faltar a clase porque el mundo que se abría ante nosotras no cabía en un aula. Estaba ahí afuera, en las librerías de segunda mano de Moncloa, en el color de la Gran Vía a primera hora, en las tardes en las que devorábamos los libros que comprábamos en la Cuesta del Moyano tumbadas bajo ese sol que solo se pone en el Retiro, con los cuerpos llenos de calor y ganas. Todavía no vivíamos en la capital y aquellos viajes eran una puerta abierta al mundo que soñábamos.

Con veinte años todo es una primera vez, y eso es algo que solo te enseña el paso del tiempo.

Una mañana nos fuimos a Chueca. Yo no podía contener las ganas de conocer ese barrio del que tanta gente hablaba, donde el amor se da la mano sin miedo y las risas brotan bajo la luz de las farolas, ya nunca más escondida en las esquinas. Me parece mágico el hecho de que una ciudad contenga un bastión sin murallas. Nadie debería conocer la tristeza infinita que se siente al soltar la mano de la persona que amas. Nadie.

El caso es que llegamos y fue, contra todo pronóstico, una decepción. Eran las 10 de la mañana y lo que me encontré fue un barrio totalmente normal: los negocios abrían con pausa, la gente caminaba con una prisa parecida a la de los que lo ha-

Con veinte años todo es una primera vez.

cían un par de calles más allá, los vecinos eran los mismos, exactamente iguales, con los mismos trajes y los mismos ojos que los que habitaban Moncloa. Yo esperaba ver una explosión de colores, rostros felices, el amor y la libertad estallando como fuegos artificiales en cada calle, pero lo único que me encontré fue un par de tiendas con banderas de colores. La libertad esperada, que se me antojaba veloz en todas sus definiciones, se me mostró tranquila, como un animal que duerme sin miedo: un espectáculo hermoso.

Hubo otros días, claro, en los que el animal nocturno se despertó y descubrí lo que esperaba que fuera el barrio que más orgullosa me hace sentir de Madrid. Existieron y se repitieron cada fin de semana. Sin embargo, si echo la vista atrás, recuerdo con mayor claridad ese primer encuentro con la libertad de Chueca, ese en el que la normalidad lo fue todo, el que me hizo ser consciente de que todo aquello que estaba viviendo por primera vez y que me causaba cierto temor también se dormiría, con la tranquilidad de saber que todo va a salir bien.

Porque la libertad también es eso.

Un sueño fingido

Es algo que todos hemos oído desde el instituto, al menos los que vivíamos próximos a Madrid: la importancia de estudiar y de trabajar en la capital. Nos lo vendieron —y así lo compramos— como un paso imprescindible en el crecimiento profesional de cada uno. Igual que los discursos a favor de las carreras científicas o empresariales en detrimento de las literarias o filosóficas, el traslado a Madrid se contempló como un movimiento esencial para buscar la prosperidad y el éxito. Últimamente me cuestiono esto.

El otro día hablaba con unos amigos de cómo es la vida en su pueblo, un rincón del sur de España. El alquiler de un piso de tres habitaciones, dos baños y patio exterior, por ejemplo, no pasa de los cuatrocientos euros. El precio de compra de una vivienda de características similares, treinta mil. En Madrid podríamos hablar de dos mil y de cuatrocientos mil, respectivamente, siempre según la zona. El sueldo de sus amigos, trabajadores de industria, superaba con creces los mil. Aquí, con suerte y esfuerzo, podrían trabajar con un contrato de becario por trescientos o cuatrocientos euros. Varios de ellos ya contaban con propiedades pagadas de su bolsillo. El menú del día, seis euros. La cerveza, uno. Y así un largo etcétera.

Es una realidad que existe mundo más allá de Madrid, aunque los discursos se empeñen en invisibilizarla. Ni todo el trabajo se concentra de manera exclusiva aquí ni el éxito se gesta únicamente dentro de la M-30. Pero también es cierto, y lo digo por experiencia, que en según qué profesiones el paso por Madrid se vuelve casi imprescindible. Es difícil, por ejemplo, encontrar una oferta cultural similar a la de Madrid en una ciudad pequeña. La vida social en una capital, a mi modo de ver, es abierta y amplia, está llena de posibilidades, nuevos rostros, variedad en la rutina. Considero también que es vital salir de la casa de los padres de uno, conocer mundo, adquirir responsabilidades y ganar en madurez para poder reconocer el triunfo cuando llega.

Yo no cambiaría por nada mi vida en esta ciudad porque mis prioridades están claras. Pero es verdad que ha pasado el tiempo, me acerco a los treinta y veo en la gente de mi alrededor una vida muy diferente a la que nos prometieron cuando estudiábamos y nos decían que Madrid era la única opción. Me resulta inevitable pensar que quizá ese sueño no fuera real, que crecimos engañados. Que salimos, sí, disfrutamos, conocimos la infelicidad y adquirimos las herramientas para lidiar con la tristeza y las distancias. Pero desde el punto de vista profesional, ¿no fue un sueño fingido? Todo el mundo llega buscando algo, pero pocos lo encuentran. ¿No es acaso un triunfador el que se queda en su pueblo, feliz y sin dudas, donde trabaja a cambio de un sueldo más que respetable y puede tener una propiedad con veintipocos? ¿No tiene derecho a réplica el que lo dejó todo y se fue de su casa pensando que aquí encontraría algo más que un sueldo irrisorio, un piso impagable, una vida social mermada? Quizá es tarde para despertar.

Como los aviones

Hoy te he vuelto a ver. Paseabas por Gran Vía como el día aquel en el que te recogí en mis manos después de que un hombre te empujase sin querer hacia la carretera. La parte peatonal aún no se había ampliado y siempre te quejabas de que para la gente como tú, tan pequeña que cada vez que llega a un mostrador se tiene que poner de puntillas, era muy difícil hacerse paso. Yo me reía, pero por dentro pensaba en el miedo que me daba que no fueras consciente de que, si quisieras, podrías colgar un cuadro del techo sin moverte del sofá. Tu conformismo siempre me asustó. Pero no es solo eso: es que me atemorizaba ver en ti a alguien que no eras, querer a alguien que no existía. Eso nos puede llevar a enamorarnos por error y de mentira. Y eso sí que es un verdadero suplicio.

Aquel día llovía como si se fuera a acabar el mundo y parecía que abrías las aguas del océano que nunca ha existido en esta ciudad. En la calle únicamente estabais tú y las pocas personas que aún disfrutan mojándose bajo la lluvia. Y no me refiero a los que bailan: hablo de los que caminan, despacio, y vuelven a casa sin entender nada. En esta ciudad nadie se percata, pero las calles están llenas de locos, que no son sino personas fundamentalmente cuerdas capaces de desatarse sin que nadie los vea. Los envidio igual que he envidiado toda mi vida a la gente que te ha visto llorar porque yo nunca lo hice, y ese quizá sea uno de mis mayores fracasos.

El caso es que te abrías paso y ya está, nada más. Tu fuerza era tan poderosa que podía escucharla desde mi cama. Sonaba como el mar cuando no quiere que nadie se bañe. Lo que más me gusta de los sueños es su capacidad de síntesis, cómo son capaces de reducir a una única imagen algo tan inmenso.

Los sueños son la poesía de los despiertos.

Sin embargo, esta vez la Gran Vía sí es peatonal. Por completo. No hay coches que corran como balas ni autobuses que avancen con la ternura de los elefantes ni taxis que se crucen como el niño que aprende a andar ni bicicletas que adelanten con el triunfo de lo insignificante. Hoy solo estás tú: una mujer que camina lento, como los aviones. Y quiero seguirte, o seguirla, ya no sé, y decirle que estoy aprendiendo a perderles el miedo a las carreteras, pero que necesito desesperadamente arrancarme de las manos este impulso de...

Y entonces me despierto. Y en mi cama solo existe Madrid y este frío que viene a recordarme que nada dura nunca lo que debería. Que esta ciudad algún día desaparecerá igual que lo hiciste tú y se quedará atrapada en mi cabeza, quizá en forma de avión o puede que de elefante, y que aunque ahora no quiera creerlo, algún día me daré cuenta de que eso es más que suficiente.

El mundo hoy duele un poco menos

Fue de las peores épocas de mi vida. El dolor era abismal, una suerte de inicio de trauma del cual me costaría horrores deshacerme. Como todo daño emocional, terminó trascendiendo a lo físico y mi cuerpo se convirtió en una especie de cárcel sin rejas. Una tarde sufrí un ataque de ansiedad que me dejó tirada en el suelo de mi casa, a medio vestir. Notaba perfectamente cómo se empequeñecían mis pulmones y el aire se hacía pesado, casi sólido. Me apoyé sobre la pared, coloqué la cabeza entre mis brazos e intenté recuperarme sin demasiado éxito. Entonces, un hocico suave y húmedo empezó a escarbar entre los pocos huecos que dejaba mi postura. Con nervio y lloriqueo, hizo mil virguerías: me levantó las manos, me ofreció su culito bailarín, se sentó de espaldas a mí como hacía cuando quería protegerme, empezó a ladrarme para que saliera de aquel estado. Lo vi asustado y me tranquilicé para tranquilizarlo. No necesité un abrazo o una palabra cálida. Me bastó con verlo. Porque así es mi vida con los perros: me obligan a cuidarme porque es la única manera de cuidar de ellos como se merecen.

Pienso ahora en toda esa gente cuyos animales forman parte no solo de su día a día, sino de sus tristezas más absolutas,

Así es mi vida con los perros: me obligan a cuidarme
porque es la única manera de cuidar de ellos como se merecen.

de las soledades no deseadas, de los dolores que no se pueden explicar porque no a todo se le puede poner palabras, aunque lo intentemos. Me imagino al anciano que pasea todos los días a su perro, que camina despacio siguiéndole el ritmo y busca su mano grande y temblorosa después de comer, sobre el sofá. Lo imagino ahora que debe marcharse a una residencia en la que no le permiten llevarlo, y puedo sentir el ruido que hace un corazón cuando se rompe. Me imagino a la mujer maltratada que se interpone entre su animal y su agresor para recibir otro golpe más, que caiga sobre quien caiga solo busca su dolor, y puedo verla cerrando la puerta de la casa que está a punto de abandonar solo para seguir protegiéndolo, aunque le cueste la misma vida, porque no puede llevárselo a un centro. Y me imagino también, puedo verlas, a todas aquellas personas sin hogar que prefieren dormir abrazadas a sus perros, congeladas, que en una cama de un albergue donde la administración no les permite entrar juntos.

Y pienso en Tango, y en Viento, y en Berta, y en los días fríos en los que no dudaron en tumbarse a mi lado, y no soy capaz de imaginarme nada más porque la respuesta a todo esto siempre es dolorosa.

Ahora, por suerte, respiro un poco más tranquila porque el Ayuntamiento de Madrid ha aprobado una iniciativa de Amanda Romero, asesora de Más Madrid, por la cual se van a proteger los vínculos de las personas en situación de vulnerabilidad con sus animales, secundada por todos los grupos políticos menos por ya sabemos quién, y ese es un paso tan grande que el mundo hoy duele un poco menos gracias a ellos.

La caricia de una generación

Me cruzo con adolescentes casi a diario. De camino a casa de Manu, donde he pasado las últimas mañanas trabajando en un nuevo proyecto, hay un instituto. Además, por Acacias hay varias zonas ajardinadas que dan color a las vías principales, por lo que es habitual ver a pequeños grupos de chavales charlando en los bancos. El regreso a mi casa suele coincidir con su hora de salida, esa en la que el hambre te lleva a buscar el olor a pan por las esquinas, y me gusta camuflarme entre ellos y escuchar sus conversaciones.

El otro día hablaba con unas amigas de las diferencias entre nuestra generación (la de los 90) y la suya, aunque apenas nos separen un puñado de años. Ahora, esas mismas adolescentes que en nuestra época se preocupaban, en su mayoría, de si el amarillo conjuntaba mejor o peor con el negro, son las que encabezan las manifestaciones feministas, las que cogen el altavoz y claman con fuerza las verdades incómodas. Son, también, las que hablan sin miedo, se expresan con libertad y nos enseñan al resto la realidad de las identidades. Son las que se mezclan entre ellas y ellos, las que despiertan a los dormidos, las que se zafan de los prejuicios de sus padres porque tienen las herramientas para hacerlo. Son las que mejor defienden el planeta de mierda que les va a quedar.

Nuestra generación, acordamos todas, ha crecido sobreprotegida: alguien nos hizo creer que éramos especiales, nos metió en una burbuja y nos lanzó al mundo real con la promesa de un trabajo fijo, un sueldo digno y todos, absolutamente todos nuestros sueños cumplidos. Así crecimos, despreocupados, bajo el amparo de una economía boyante y unos padres felices que nos creyeron capaces de todo. Entonces, como un relámpago en un bosque, el país fue golpeado por la crisis financiera de 2008 y todo se derrumbó: la burbuja explotó, los trabajos se esfumaron, los sueldos se vieron reducidos a su mínima expresión y esos niños felices y despreocupados se convirtieron en jóvenes desprotegidos e incapaces.

Yo tenía dieciséis años. Empecé la carrera dos años después con la incertidumbre ya rumiando las decisiones. Siempre me dio interés la política, por lo que empecé a investigar por mi cuenta lo que estaba sucediendo, pero creo que nunca llegué a entenderlo del todo. A lo largo de la universidad, vi como las matrículas se multiplicaban y decenas de compañeros tuvieron que abandonarla. Otros tantos necesitaron otros trabajos para poder continuar con sus estudios. Sin embargo, muchos seguían viendo todo aquello como una irrealidad que nunca les tocaría, pero a todos nos dio de lleno. Hubo quienes no se enteraron de nada porque sus padres siguieron protegiéndolos a capa y espada. No los culpo. Otros despertaron de golpe y su capacidad de reacción los llevó a rearmarse y hacerse adultos.

Me consuela, no saben cómo, saber que este país caerá en las manos de quienes ya lo están acariciando. Es probable que sea la generación mejor preparada para afrontar todo lo que viene y salir lo menos herida posible.

Joaquín sigue siendo Sabina

Es estimulante ver cómo en esta época de nuevos y fugaces talentos, donde prima el single frente al álbum, en la que si no tienes presencia en redes a pocos les interesa dónde cantas, en la que importa más la foto con el nuevo antes que con los de siempre, aún resiste el consenso y somos conscientes de la suerte que tenemos por tener a dos grandes maestros vivos y en activo, como es el caso de Serrat y Sabina.

Es fácil que uno crezca con la idea de que solo se puede aprender cuando no se sabe nada, que nada tiene la vida que enseñarnos cuando ya la hemos sufrido. Sin embargo, llegan dos señores de setenta y seis y setenta y un años, se calzan la americana y la guitarra y salen a comerse el WiZink Center de Madrid como si entre los dos sumaran cien años menos de los que marcan sus cuerpos y uno siente, por suerte, que el camino es infinitamente largo.

Lo que ambos hacen ahí arriba, aunque nos tengan acostumbrados, es una verdadera proeza. La energía que se descarga en el escenario sufre un choque frontal con la que se recibe desde las gradas y eso hace que te conviertas en otro ser, muy alejado de lo humano, inflado de nervio y garra, sabedor del poder que te da estar en los ojos de tantísimas personas a la vez. Parece fácil —ese es su talento y su triunfo—, y así lo recibimos: como si no existiera otra opción, como si el artista fuera mero transmisor de su arte y no tuviera un cuerpo que sufre, que a veces no llega. Alguien pide, entonces, que se retiren. Y yo no puedo entenderlo: nadie pediría a la música que dejara de sonar.

Que Sabina se caiga y el show se suspenda no debería ser noticia más allá del propio susto. La noticia debería ser que el andaluz sigue levantándose, una y otra vez, con el empeño de los obstinados y el bombín en alto, para salir al escenario

Con Sabina en el Cervantes.

madrileño y enfrentarse a él como si nunca lo hubiera hecho, como si aún le quedara algo por demostrar. Porque si no fuera así, si él pensara que ya lo ha cantado todo, estoy segura de que dejaría de hacerlo. Pero Sabina es perro viejo y sabe que le queda todo lo que la vida quiera enseñarle.

Así que no. La noticia no debería ser el show suspendido o el accidente maldito. La noticia debería ser que Joaquín sigue trabajando todos los días para seguir siendo Sabina a pesar de todo lo que eso implica y por los motivos que sea.

Esa imagen, la de Serrat llevando la silla de ruedas en la que Sabina ofrece explicaciones y se lamenta ante diecisiete mil personas, no es más que la de la canción que se resiste a dejar de sonar. Y no lo hará porque el futuro estará siempre dispuesto a escucharla.

Porque aún tengo la vida

Decía Ángel González que la historia de España es como la morcilla de su pueblo: se hace con sangre y siempre se repite. Y esa es una frase a la que una no le puede ni restar ni añadir un punto.

Yo creo que las guerras tardan mucho en terminar. Los expertos suelen encajarlas entre dos fechas exactas, pero eso es solo una manera de comprimir el tiempo, es una ecuación que deja fuera las consecuencias y las lecciones desaprendidas por el conflicto que solo aparecen cuando todo se enfría. Nadie tiene en cuenta los destrozos. Como en un terremoto: es noticia la hecatombe, pero una vez cesa el ruido solo queda el polvo y el silencio.

Algunos hablan de imparcialidad y sectarismo. Quizá sea este el primer error: politizar el horror, querer ver en un homenaje una única idea. Leo que Martínez-Almeida, alcalde de Madrid, ha decidido tumbar un proyecto del anterior Consistorio que había previsto homenajear a las víctimas del franquismo en el memorial del cementerio de La Almudena. Para ello, iban a grabar en unas placas de granito sus 2.937 nombres y sus 2.937 apellidos y a acompañarlos de varias citas, entre ellas, unos versos de Miguel Hernández. Sin embargo, para el Ayuntamiento, la poesía del poeta solo representa a un bando. Ya en noviembre arrancaron sin previo aviso las placas con los nombres de los fusilados y esta semana se ha sabido que las láminas de bronce instaladas para los versos yacerán vacías. Si hay algo peor que un poema que no se escribe es un poema que se borra. Y con rabia recuerdo mi verso favorito del alicantino: *La libertad es algo / que solo en tus entrañas / bate como el relámpago.*

¿Vivimos en una guerra que aún no ha terminado o es que el conflicto no deja de repetirse, una y otra vez?

Hay heridas imborrables, sin duda. Quedan silencios que escuecen, miradas asustadas y familias sin cuerpo amado ni homenaje que calme. Pero algunos todavía guardamos en el puño algo que es más eterno que el tiempo: las palabras. Y por ello, porque la historia se repite y las heridas no se cierran, porque no hay justicia pero tampoco mano que borre la memoria, hoy decido dejar en este espacio los versos de Hernández, para que podamos recortarlos y colocarlos allá donde haga falta la poesía, allá donde se la niega.

Para la libertad me desprendo a balazos
de los que han revolcado su estatua por el lodo.
Y me desprendo a golpes de mis pies, de mis brazos,
de mi casa, de todo.
Porque donde unas cuencas vacías amanezcan,
ella pondrá dos piedras de futura mirada
y hará que nuevos brazos y nuevas piernas crezcan
en la carne talada.
Retoñarán aladas de savia sin otoño
reliquias de mi cuerpo que pierdo en cada herida.
Porque soy como el árbol talado, que retoño:
porque aún tengo la vida.

El amor en una caja de quince quilos

El otro día fui a Carabanchel, a la zona de Opañel. Buscaba una empresa llamada Alaslatinas que se encarga de hacer envíos a distintos países de América Latina. En unas semanas nos vamos de gira por Colombia y Ecuador y necesitamos aligerar equipaje el día de salida.

El caso es que ya antes de aparcar el coche en la puerta sentí un cambio en el ambiente. Las calles, los negocios, el nombre de los bares. Había algo familiar en todos ellos, un color distinto, extrañamente conocido. Casi en la misma calle, una iglesia evangélica, una academia de baile, un locutorio, un local de nombre Discoteca Latina Fenómeno y el bar Sabores del Mundo. En algunos balcones, banderas de Ecuador y de República Dominicana. Por las calles, jóvenes de cuerpos musculados y rostro serio, niños flacos y veloces, mujeres con cara de tarea constante.

La oficina estaba plagada de carteles que informaban sobre las tarifas de envío, en su mayoría a Venezuela, aunque también nombraban Colombia o Brasil. Al entrar, el acento dulce y lento del encargado, que sonaba como la música de una balada caribeña de los dos mil, me teletransportó a las afueras de Bogotá, donde estuve hace unos años y vuelvo en poco menos de un mes. Sonaba una canción de reguetón a un volumen lo suficientemente alto como para integrar el ritmo, de manera inconsciente, en nuestros movimientos. Atendía a una pareja de treintañeros, presumiblemente hermanos, que querían mandar una caja a Caracas. Entre los tres, apretaban como podían todos los objetos para que cupiera entre ellos alguno más. Pude ver una bolsa con medicinas y un paquete de sacarina. Lo acariciaban todo con ternura, como si también quisieran enviarle al destinatario ese amor manoseado y puro de los que viven lejos. Pude ver cómo el chico le daba un beso disimulado a un jersey antes de meterlo. El amor en una caja de quince quilos. El encargado les dijo que no podía ser un envío de puerta a puerta, ya que la parte donde querían mandarlo no era una zona de seguridad, así que les comentó la posibilidad de recogerlo en la oficina local. Ellos asintieron, casi disculpándose. Firmaron, le dieron las gracias y se marcharon.

Nunca entendí los guetos de las capitales. Me gusta la mezcla, la distinción escasa, que sea necesario escucharnos para reconocernos. Pero qué narices sé yo. Quién narices soy yo. Nunca he tenido que dejar mi país o mi familia. El otro día entendí lo necesario que puede ser para el que se marcha encontrarse en otra ciudad tan distinta el detalle que te devuelve al hogar: un acento, un batido de mango, la bachata nocturna, los colores en un balcón, un *carajo* en mitad de la noche, los frijoles en un bar por la mañana, el vecino que comparte tu historia.

Ojalá podáis encontrar en Madrid algo de lo que habéis tenido que dejar atrás. Y ojalá ese beso al jersey llegue, sano y salvo, a la mejilla a la que pertenece.

El viento de Madrid

Siempre me asustó el viento. Cuando era pequeña, su silbido se colaba en mi habitación y parecía que era un monstruo el que siseaba esa ese líquida que levanta las orejas de los perros. La alerta, esa señal tan quebradiza, tan imaginaria, es casi peor que el mismo miedo. Solo aparecía por las noches porque la oscuridad lo justifica todo: entonces empezaba el concierto. El aire se colaba por los arbustos, azotaba el cristal de mi ventana, levantaba los cantos rodados y chocaba contra los coches aparcados. Me sentía protegida en mi cuarto porque todos sabemos que debajo de las sábanas suelen ocurrir cosas buenas, pero en mi mente ese silbido era una amenaza para que no abandonara jamás mi fortaleza. No lo hice.

Pero estos últimos días, en Madrid, el viento suena de otra manera. Lo que azota no son los árboles o la tierra. Son los muros, las paredes, los camiones, los toldos recogidos, las palabras no dichas, los daños enquistados. Ahora golpea la ventana del anciano de enfrente que cree que ya no pasa nada, que la vida no se mueve, y siente que el ruido parte el silencio de una casa que se vacía poco a poco. Da un vaivén a la niña que aprieta la mano de su padre porque es el único lugar del mundo donde encuentra protección: en su mano. Descoloca el pelo de la joven que cede a la desesperación de saberse despeinada y se deja llevar, porque las fortalezas vienen apretando cada vez más y eso no hay quien lo aguante. Me mira desde las risas de las personas que no consiguen escucharse y se acercan sin timidez, con excusa.

Aquí el viento ya no es una amenaza o una alerta. Lo que suena no es un silbido intruso: es un intento, un impulso, una oportunidad.

Ya lo dijo Benedetti: «Me gusta el viento. No sé por qué, pero cuando camino contra el viento, parece que me borra cosas. Quiero decir: cosas que quiero borrar».

Estoy aprendiendo a caminar contra él y a dejar que me coloque en el sitio oportuno, ese que no siempre es el que ocupo y no me doy cuenta.

Y te miro. Pienso en ti. Y me gustaría cogerte de la mano, salir a una calle donde no nos protejan los edificios largos ni las sábanas suaves, mirarte como nunca lo han hecho, decirte al oído, entre risas, lo bien que lo estás haciendo, sacarte de los bolsillos los cigarrillos que pronto empezarán a consumirte y colocarte frente al viento de Madrid, el mismo que nos arropa, para que te limpie tanto daño, para que te borre las costras y el dolor enquistado, para que lo respires y deshaga los espasmos, para que se lleve lejos las pesadillas y los miedos y verte frente a él, así, volando, mientras le ladramos al viento que te lame los ojos.

Porque el miedo ya no existe. Las amenazas se quedaron fuera. Solo estáis tú y el viento. A salvo.

Frente al terror, siempre lo hermoso

El miedo es una sensación poderosa.

Es una emoción mental, por lo que la única manera de protegerse contra ella es a través de la razón, aunque eso no siempre funciona.

A mí me dan miedo muchas cosas absurdas, pero frente a otras tantas más importantes lo he perdido.

Siempre temí la muerte. Me da pavor pensar en ella: no en la propia, sino en la de mis queridos. Entonces un día me enfrenté a ella. Le puse un nombre, casi una fecha, un aspecto enfermo y enclaustrado y pasé todas esas fases de las que hablan los expertos.

La combatí, la rechacé, la negué y la lloré. Pero terminé asumiéndola, esperándola, aceptándola y agradeciéndola. Porque si algo aprendí de aquello es que a veces la muerte es la única capaz de salvarnos cuando nada más puede.

Así es como le perdí el miedo a la muerte: dándole un sentido.

Sin embargo, hay otras cosas que me asustan sobremanera. Una de ellas es la oscuridad o los ruidos cuando estoy sola. Hace unos días, mientras me duchaba, mi perra se puso a ladrar. En mi mente ya se reprodujo mi fin: alguien había entrado en mi casa y estaba a punto de asesinarme. Puede que este *thriller* mental estuviera relacionado con la novela negra que estoy leyendo, pero el caso es que tuve que salir de la bañera, llena de jabón y con los dientes apretados, a registrar toda la casa para quedarme tranquila. Qué tensión. Y qué ridícula me sentí después al contarlo entre risas, para qué negarlo. El caso es que me cuesta superar ese miedo en particu-

Madrid está enferma y los que la queremos, preocupados.

lar porque no tiene ningún tipo de lógica: es irracional. Y eso, en mi mente, es un problema.

Madrid está enferma y los que la queremos, preocupados. Estamos viviendo una época de miedo porque lo que hay ante nosotros es desconocido. O quizá no tanto. El mundo venía avisando: cambio climático, fuegos incontrolados, inundaciones desoladoras, hábitats destruidos... Y no es hasta ahora que salta de la naturaleza a nuestros cuerpos que nos lo tomamos, quizá, un poco más en serio. Pero no pasa nada. La vida siempre da avisos: a veces más fuertes que otros. Ahora solo debemos escuchar a quien sabe, agradecer a quien puede y hacer caso, como un niño a sus padres.

Surgen ahora en la capital iniciativas amables, como las de los estudiantes que se ofrecen a cuidar de niños, parados que visitan a sus vecinos ancianos para llevarles la compra o personas que ofrecen compartir los productos del supermercado para que a nadie le falte nada. Porque frente al terror, siempre lo hermoso.

Y saldremos de esta, seguro, más juntos y enamorados del mundo, porque el ser humano, en toda su irracionalidad, irresponsabilidad e inconsciencia, siempre consigue encontrarle un sentido a todo, un motivo y una razón para darle la vuelta a lo más poderoso. Incluso al miedo. Y ahora no será distinto.

Madrid, esta vez, no me mata.

El sonido del silencio

Llevo más de una semana sin salir de casa y siento que se me están aguzando los sentidos. Ahora que Madrid está tan callada, yo la escucho más que nunca. Quizá es que estoy más atenta o que echo de menos cosas que antes daba por sentado.

Me veo sorprendida de pronto por algo tan común como el sonido del ascensor de mi portal, que ha bajado considerablemente su ritmo. Confieso que echo de menos a Manolo, mi cartero, que cada dos mañanas me trae algún paquete. Ayer llamó al timbre porque sabe que aquí siempre hay alguien, pero no subió. Al menos, pensé, las casas están llenas, siempre encontrará a alguien que le responda. Abro la ventana y el ladrido lejano e insistente de un perro inocente y libre rompe en dos la tarde y creo que si presto atención puedo oír el roce de la cortina sobre el sofá. Las carreras de mis perros por el pasillo, que buscan como pueden aliviar el exceso de energía, le dan movimiento a una vida que se ha quedado en pausa, esperando la orden de reinicio. Algunos días salgo a la terraza y escucho, sin querer, a mis vecinos. Es raro, porque eso antes no pasaba, pero creo que ahora sería capaz de reconocer la voz de Pilar en cualquier sitio.

El viento de estos últimos días mueve los adornos de los balcones, y eso me gusta porque me lleva a otros lugares. Pienso en mis abuelos cada vez que veo asomarse a las ancianas de enfrente y las busco con los ojos. Quiero que me vean y que me pidan cualquier cosa, pero no quiero asustarlas. Ya lo conseguiré. Por las noches, a pesar de vivir en un sexto, oigo desde la cama cómo se abren y se cierran los contenedores y el ruido del vidrio cuando choca contra el suelo, y respiro, porque aunque la vida esté enferma sigue ahí afuera. Hay momentos un poco más tristes en los que cierro los ojos y escucho el sonido de los escasos coches que recorren la noche.

Entonces pienso que es el mar y todo, aunque escuece, cicatriza. Y los pájaros. Los pájaros han vuelto a cantar, a todas horas, en este Madrid vacío y silencioso que solo pide que le escuchen. Entonces dan las ocho y un aplauso atronador llena de oxígeno la ciudad. Creo que se ha convertido en mi canción favorita de este encierro.

Es la primera vez en mi vida que escribo sin música, pero también es la primera vez en mi vida que vivo una cuarentena y eso me está enseñando que lo dado nunca es seguro.

Y es que hay un mundo aquí dentro también. Yo sé que aterra quedarnos solos y escucharnos, pero en nuestro interior existe un pájaro que no deja de cantar.

Bueno, eso y que hoy escuché a mi madre reír por teléfono. Y yo no necesito nada más para escribir.

PRIMAVERA

Queridos abuelos

Queridos abuelos, ¿cómo estáis? Sé que en casa, en Segovia, ahora tan lejos, y os supongo asustados, inquietos, así que he pensado en maneras de quitaros el miedo y se me ha ocurrido hacerlo a través de esta carta que sé que no os perdéis, estemos en alerta o de vacaciones.

Y es que esa es una de vuestras enseñanzas. Vosotros me lo habéis quitado a mí siempre: el día que Isabel se cayó en un hormiguero, cuando Bea se rompió el radio jugando en Madrona o cuando murió Tango. Os confieso que los primeros días solo quería ir a abrazaros, pero ya he entendido que la mejor manera de protegeros, a vosotros y a los abuelos de todos los demás, es quedándome en casa, en Madrid, y eso estoy haciendo. Ya no tengo prisa: solo ganas.

Sé que las noticias que os llegan son malas, que las bajas os traen recuerdos de guerras recientes, que sois una generación herida a la que la vida parece insistir en no dejar descansar, pero quiero que sepáis que ahí afuera hay cientos de personas cuidando de las trincheras, defendiéndoos de las balas para que ninguna os alcance, que el mundo está empeñado en protegeros y ahora mismo sois lo más importante. Respirad. Es nuestro turno.

Vengo a contaros las cosas hermosas que suceden y que quizá no estéis viendo.

Hay una mujer de ochenta y cuatro años de un pueblo de Andalucía cosiendo un montón de mascarillas y distintas empresas le han donado metros de tela.

Hoy vi a un bloque entero aplaudir a una barrendera emocionada que se exponía al virus para mantener las calles limpias.

Hay psicólogos que ofrecen consultas gratuitas y un chico que está cocinando cientos de empanadillas para media plantilla de un hospital. Me recordó tanto a vosotros.

¿Sabéis que nos inventamos un festival de poesía por internet y que muchos artistas recitan desde sus casas? Se llama Poesía en tu Sofá y, abuela, Nuria, la actriz de *Amar es para siempre*, leyó unos cuantos poemas. Fue precioso. Ojalá se apunte Rodolfo Sancho, que sé que te encanta, y en unas semanas te lo pueda enseñar. Por cierto, abu, el otro día subí a internet tu vídeo bailando en casa y ahora todo el mundo me pregunta por ti. Y, abuelo, que sepas que me acuerdo de ti cada vez que veo a la vecina de enfrente mirar por la ventana: se pasa horas, como tú, y a mí me apetece decirle cualquier cosa y hablar con ella porque es lo que querría que alguien hiciera contigo.

Sé que está siendo difícil para vosotros. Pero quiero deciros que todo va a salir bien. Y que todos estamos bien. Que confiéis, porque pronto estaremos juntos comiendo una tortilla. Que sigáis cuidándoos como lo estáis haciendo porque sois un ejemplo. Que en un rato os llamo por teléfono y os hablo de Viento y Berta. Y que si os aburrís, tenéis miedo, queréis saber qué cosas bonitas pasan ahí afuera o, simplemente, queréis hablar: llamadme. Estoy para vosotros. Siempre. Y si comunica, es que os estoy llamando yo. Os quiero.

A la humanidad

Hoy he salido al balcón un rato antes de las ocho de la tarde.

Son ya tres semanas sin faltar a la cita y comienza a interesarme lo que hay antes y después, seguramente porque ahora mismo es la única prueba que tengo de que la vida continúa más allá de estas cuatro paredes y la pantalla del teléfono.

A las siete y media han salido los vecinos de enfrente, una pareja joven con un niño pequeño. En mi cabeza se llaman Rafa, Lara y Matías. Intuyo que él teletrabaja porque no hay mañana en la que no lo vea hablando por teléfono asomado a la barandilla. Se suele apoyar en una mesita azul rodeada de plantas frondosas, y su mujer, de pelo largo, tiene un rostro amable. Dejan la luz dada y cuando se hace de noche Viento los observa, como un guardián, y a mí me da la misma tranquilidad que cuando era pequeña, me iba a dormir y mi padre se quedaba despierto en el salón. Nos hemos saludado con una sonrisa, como cada tarde, mientras sonaba *Imagine* desde alguna casa próxima.

A las ocho menos cinco me he asomado y mientras esperaba para arrancar el aplauso he visto cómo se asomaban distintas cabecitas por cada ventana, tímidas al principio, pero con ganas según se incrementaba el ruido de las palmas. Una de ellas es la de Adelaida (así la supongo), una mujer mayor

Estamos a unos días de rozarnos con la punta de los dedos,
aunque estemos a metros de distancia.

con mascarilla y uñas de colores que no sé cómo consigue enviarme el olor de mi abuela cuando abre la ventana. Justo a su lado dos mujeres, Laia y Sara (así las imagino), nos hacen un gesto con el pulgar hacia arriba, como cada tarde. Al final de la calle, en el balcón que hace esquina, ha salido Pepe (así le intuyo), el músico del barrio, quien con su trompeta nos hace sentir en un estadio de fútbol. Yo creo que es colchonero. Es siempre el último en irse y hoy me he quedado para aplaudirle a él, que ha dedicado unas notas a los trabajadores del Mercadona aprovechando que uno de ellos volvía a casa. Desde el primer día nos saludamos con una madre y su hija, Sol y Marta, que se abrazan mientras se asoman y sonríen cuando aplauden.

Ahora hay luz, y las luces de los teléfonos que nos dedicábamos con la avenida perpendicular se han cambiado por manos al aire que se agitan con pasión. Creo que estamos a unos días de rozarnos con la punta de los dedos, aunque estemos a metros de distancia.

Me gusta mi barrio y estoy aprendiendo a querer a la gente, a confiar en la bondad ajena, en contagiarme de su ánimo. Pero somos muchos más: otro día os hablaré del resto.

El otro día recibí un vídeo de mi abuela en el que aplaudía y se lo dedicaba «a la humanidad». Me sumo a ello. Creo que, por una vez, estamos haciendo las cosas bien.

Buenas personas

Sara cumplió dieciocho años en su habitación, aislada. Unos días después, su hermana Laia la llevaba a urgen-

203

cias tras una crisis respiratoria provocada por el virus. Sara pasó dieciocho días en el Hospital de Sanchinarro de Madrid, con momentos terroríficos que culminaron en la mejor de las noticias: el alta. Lara, su médica, a quien no conozco pero debo su vida, es una mujer que no tuvo miedo cuando lloró después de recuperar el poco oxígeno que llegaba a los pulmones de Sara y tampoco al confesar que la felicidad de darle el alta no es incompatible con la tristeza de estos días. La misma que, cansada, entraba cada noche a las cuatro de la mañana para verla dormir y recuperar la paz por un breve momento. Susana no solo limpiaba su habitación: también le preguntaba a quién echaba de menos, le decía lo mucho que le gustaban sus ojos y le prometía cuidado cada vez que volviera a su habitación. Sol y Marta, sus enfermeras, la arroparon cada noche. Sol lloró cuando le dijo que tenía muchos pacientes pero que se acordaría de ella siempre. Marta alargaba el turno y se quedaba con ella de madrugada para cuidarle el sueño.

Nati es la madre de Andrea. Trabaja limpiando en una residencia de ancianos en Segovia y, aunque las condiciones no son las deseables y se pasa el día tosiendo por culpa de la lejía, no deja de ir cada mañana. Me lo cuenta con unos ojos tristes que tienen ganas de seguir riendo. Hace tiempo que no duerme con Andrés, su marido, que ha dejado de ir a trabajar porque es de riesgo, y no consiguen acostumbrarse. Son muchos años.

Isa es mi prima, es médica y sigue sonriendo cuando hacemos videollamada. Las horas pasan factura pero ella no lo cuenta: solo ayuda, diagnostica a la familia, nos dice que la única manera de ayudarla es quedándonos en casa. Y lo hacemos. Porque a Isa no se le puede, por suerte, llevar la contra-

No son superhéroes: son personas buenas, que es mucho mejor.

ria. Y tengo ganas de cederle mi trozo de tortilla de la abuela porque se lo merece.

Tito es mi amigo y se ha empeñado en curar a todos los ancianos de Granada. Es médico, pero antes que eso es un buen hombre. A pesar de la situación, tiene tiempo de escribirme, preguntarme por mis padres, ofrecerse a lo que sea. Pero eso no es nuevo: él siempre ha sido así.

Marta es mi amiga. También es médica y acaba de perder a su abuelo por el virus. Quiere correr, huir, pausar el tiempo, despertar, volver a casa. Sabe que los daños serán incontables, tanto en el país como en la vida de todos los sanitarios. Pero se queda en el hospital porque es valiente y generosa. Marta es un rayo de energía y sé que no la perderá. Pero también quisiera abrazarla y duele todo un poco.

No son superhéroes: son personas buenas, que es mucho mejor. Esas que consiguen, por fin, que el mundo recupere su equilibrio.

Cuando se corren las cortinas

Creo que hemos perdido algo importante durante estas semanas de aislamiento: la intimidad. Y no hablo de lo que es de uno y no debe ser de nadie más, sino de esa celosía con la que guardamos algunos aspectos frívolos de nuestra vida, esa necesidad autoimpuesta de la brocha, el brillo y la camisa planchada cuando uno sale —no ahora— a la calle.

El otro día Flavita Banana compartía una ilustración de una mujer sin depilar en la que se cuestionaba lo que hacemos por cuidado propio y lo que hacemos por cumplir con lo establecido. Reconozco que me gusta la ropa de estar por casa. No soporto descansar con unos vaqueros o ponerme deportivas para recorrer el pasillo. Paso del maquillaje —aunque agradezco algún que otro filtro— y me importa un bledo cómo tengo el pelo. Solía sacar a los perros en chándal y me siento igual de guapa. Ahora, además, estoy en casa, nadie me juzga —tampoco yo— y esa es una sensación agradable. Porque eso no significa que no me cuide o que me dé igual, es mucho más simple que todo eso: es una cuestión de hacer lo que a una le hace sentirse bien. Sea una cosa o sea la otra.

Tengo una nueva costumbre. Los sábados y los domingos salgo a desayunar a la terraza. Tal y como me levanto: en pijama y con el pelo revuelto. Siempre veo a mi vecino de enfrente apoyado en la barandilla hablando por teléfono. Alzo la taza y nos saludamos. Él también está en pijama, uno azul oscuro que le queda muy bien. Unos pisos más abajo, siempre puntual, sale mi vecina a aplaudir. Suele hacerlo con los rulos y en bata, aunque siempre lleva las uñas pintadas de un rosa fosforito que creo que puede verse desde Atocha.

Miranda es la que se encarga de sacar a los perros y se ha convertido en mi puerta a otras calles. Siempre que vuelve me cuenta lo que ha visto. Las ventanas de los primeros, antes cubiertas por recelo, lucen ahora despejadas en busca del vecino que pasa y charla brevemente. Ya no molesta que el de la acera mire hacia dentro con curiosidad ni sorprende que el de dentro busque los ojos del de fuera. Los perros de las casas ladran a los de las calles, que les devuelven el ladrido mientras sus humanos se sonríen con la complicidad de los que saben que tienen, por suerte, la soledad bien cubierta. Algunos se cortan las uñas y otros bailan en el salón. Suele ver niños dis-

Ahora que estoy en casa, nadie me juzga —tampoco yo—
y esa es una sensación agradable.

frazados, padres y madres con pintura en la cara, jóvenes con ropa de deporte que poco o nada se parecen a los modelos deportivos que vemos anunciados pero que sudan felices mientras intentan mantener la coordinación.

Quizá no solo estemos perdiendo esa parte de la intimidad, sino que estamos ganando confianza, tanto con nosotros mismos como con los que tenemos cerca. Pequeños triunfos en mitad del horror.

Madrid sin nosotros no es Madrid

Ya casi no me acuerdo de Madrid, y eso es raro porque he tenido épocas en las que nos hemos separado durante más tiempo, pero esto es como estar atrapada en un sitio que conoces con los ojos cerrados. Los días pasan y ya no sé lo que es real o inventado. Intento vislumbrar más allá de mi calle y no sé qué me hace pensar que el paseo está lleno de gente que continúa con sus vidas, que los adolescentes se besan a la salida del instituto, que los abuelos siguen con ese caminar errante tan característico de las mañanas. Me imagino las tiendas abiertas, las mismas mujeres de siempre con la cara de pena, los coches abriéndose paso, hombres estáticos queriendo parar un mundo que los adelanta. Creo escuchar el ruido de mi barrio, el mismo lleno de ladridos, de conversaciones cruzadas y de pitidos de semáforo abierto. Pienso dónde estará el hombre que pide a la puerta del supermercado, ese lugar al que la vida le ha prohibido entrar. Pienso en la voz de mi frutero y en la sonrisa de mi quiosquero. En el camarero del restaurante gallego que siempre les saca un pincho a mis

perros. En mi mente, las librerías de mi barrio siguen abiertas y cierran más tarde porque se han convertido en un refugio. Siempre lo fueron.

Nunca fui de largos paseos, aunque siempre me gustaron los rodeos para volver a casa. Eso es algo que me enseñan los animales y me resulta útil estas semanas: observar para encontrar la novedad en los sitios de siempre. El otro día, mientras caía una tormenta sobre este Madrid tan vacío, recordé una tarde, hace muchos años, con la misma lluvia. Yo estaba triste, no sé por qué, y debía volver a un sitio en el que no quería estar. En momentos así, rechazo el silencio y busco ruido ajeno para que apague el mío. Estaba en la Puerta del Sol y en vez de tomar el camino de siempre me adentré en la plaza Mayor, llena de gente que huía del agua. Las gotas chocaban con violencia contra el suelo y el reflejo de los charcos, ya oscuro, devolvía una imagen preciosa del cielo. Me quedé así un rato, mirando los adoquines, entre pasos apresurados, risas nerviosas y palabras enmascaradas. Poco a poco, la carga del pecho se alivió un poco, la tristeza dejó de apretar y volví a casa tranquila.

El otro día quise salir a mojarme y a apagar mi ruido con el de otros y descubrí que ya no hay nadie ahí afuera. Que lo que me imagino no existe y lo que recuerdo ya ha pasado. Que su lluvia ya no me limpia igual. Que una ciudad vacía no es más que un desierto. Que Madrid sin nosotros no es Madrid.

Y que lo echo de menos. Mucho. Tanto que a veces me pongo el sonido del mar y me imagino que es el tráfico, ya con vida, de esta ciudad que tanto necesito.

Al mismo compás

Es complicado despegar la mirada de las pantallas ya que se han convertido en la única ventana al exterior. El otro día me preguntaba una amiga qué tal lo llevaba y la corté de raíz: no estoy escribiendo. Mi creatividad ahora mismo es inexistente, excepto por los artículos de *El País* que son los únicos que encienden las palabras.

Necesito de la vida para poder escribir.

Y ahora la vida está parada, casi muerta, y escribir sobre la vida cuando esta está enferma es un choque asegurado.

Por eso, la información que me dan las pantallas alimenta un poco el pensamiento de que ahí afuera todo está igual que aquí. Me permite ver el pelo blanco y precioso de mi abuela, el gato que acaban de adoptar Paola y Valeria en Buenos Aires, la risa de Chris que con tanta facilidad me devuelve lo sencillo y lo guapa que estuvo mi hermana el día que se vistió de blanco y brindamos desde el sofá. La vida sigue, me repito cada día. El mundo avanza, aunque sea despacio, pero existe movimiento.

Las pantallas también guardan otros lugares más incómodos donde la ansiedad campa a sus anchas y los debates se resumen en un «estás conmigo o contra mí». Esos intento evitarlos. Ahí sí que levanto la mirada. Tomo aire, observo la calle que solo se despierta a las ocho de la tarde, me fijo en los detalles que ya me sé de memoria. Y me he dado cuenta de algo: los balcones y las ventanas se han convertido en un muro de Twitter donde cada uno expresa sus emociones, sus luchas o sus reivindicaciones de una manera extrañamente pacífica.

La vida sigue, me repito cada día.

En mi calle hay de todo: banderas de España con un crespón negro, camisetas blancas con mensajes en defensa de la sanidad pública, carteles hechos a mano con arcoíris llenos de colores. Hay persianas bajadas y ventanas que ya no se abren, y eso me da tanto miedo como el sonido de las ambulancias que rompe la tarde en dos. También hay plantas que no han dejado de regarse y almohadas colocadas estratégicamente en el alféizar para apoyarse sobre ellas cuando llega el aplauso. En las ventanas de mi calle hay amor, hay miedo, hay rabia y hay tristeza. Hay silencio y hay ganas de partir el ruido y sacar un sonido amable. Hay monedas que caen de canto y hay bandos que se desintegran cuando nos miramos a los ojos. Hay de todo menos bloqueos, insultos o desprecios que se amparen en la protección de una pantalla.

En mi calle, y en todas las calles del país, somos distintos y esa diferencia nos mantiene unidos, equilibrados. Porque no somos esos que discuten en las redes sociales. Somos esos que nos miramos cada tarde y nos preguntamos qué tal lo llevamos, que nos ofrecemos a hacer la compra o que aplaudimos de un bloque a otro mientras suena una canción que nos mueve al mismo compás.

¿Quién se atreve a hablar de miedo?

He salido a la calle por primera vez después de dos meses en casa.

He estado a gusto, no voy a mentir, y soy consciente del privilegio de articular esas palabras. La convivencia es armónica, mi salud mental es correcta y vivo en un espacio en el que puedo aislarme con la misma facilidad con la que puedo compartir momentos.

Mi casa es mi lugar de trabajo y de emoción y por eso la cuido y la preparo para momentos de reclusión. En ella hago el amor, lo deshago cuando hace falta, escribo y brindo con mis amigos. También me abrazo con mis perros, disfruto de la tranquilidad del silencio y lloro sin que nadie quiera evitarlo. Siento que llevaba años preparándome para un confinamiento, aunque es cierto que todo cambia cuando la puerta ha de cerrarse de manera obligatoria y no porque uno lo elige. Entonces la película es otra.

El sábado salí por la tarde con muchas dudas y algo de miedo. Al final, como cada vez que este último acecha, decidí no escucharlo. Al principio tuve ganas de gritar. La luz cegaba mis ojos desacostumbrados y solo quería saltar y reír. Corrí a abrazar a los árboles, más verdes que nunca. Después me agobié. Oí el sonido de una ambulancia y la sonrisa se me congeló. Sufría viendo a la gente despreocupada, saltándose la distancia mínima, bailando en grupo como si nada pasara porque todo sigue ocurriendo. Volví a casa con la euforia y la ansiedad hechas una única emoción. Triste, pero feliz. Feliz, pero triste.

Al día siguiente me quedé en casa y no fue hasta el lunes que decidí volver a salir, pero esta vez con los perros, a dar la vuelta a la manzana, y a la hora de los mayores, que son mis personas favoritas. Qué Madrid me encontré entonces, qué emocionante ver a tanto superviviente de este virus malogrado recuperando su lugar. Ahí estaban, un lunes a las siete de la tarde con el perfume de los sábados y el traje de los domingos. Algunos en pareja, otros acompañados de quien los ayu-

da, otros solos —quizá recientemente abandonados—. Varios repartidos en los bancos del paseo haciendo lo que tan bien se les da y muchos olvidamos: observar. Otros charlando a voces para no saltarse la distancia. Una mujer a la puerta de la iglesia comprobando —imagino— nuevas noticias. Algunos chistando a mis perros para sentir que aún quedan caricias permitidas.

Qué bonita Madrid, qué calma tan necesaria, qué lentitud tan sumamente hermosa. Qué ciudad tan emocionante, llena de ancianos y de perros, de nadie más. Su ruido, su movimiento pausado pero constante. Qué justo que puedan recuperarla los mismos que la han construido y nos la han entregado en mano sin pedir nada a cambio. Una ciudad para ellos solos, donde puedan pasear tranquilos sus días, en la que el silencio esté justificado. Me dan ganas de pedirles permiso y perdón y no sé bien en qué orden. Qué ganas de llorar me entraron al verlos así, tan fuertes, tan capaces y obedientes, resistentes al horror, valientes hasta el final a pesar de la confusión, las malas noticias, el cuerpo entumecido, las pérdidas continuas.

¿Quién se atreve a hablar de miedo viéndolos así? Yo no.

¿Y tú qué has aprendido?

Hoy no es un buen día.

Hay momentos en los que es fácil escarbar la belleza de los escombros, pero otros días la realidad es seca y compacta y no hay poesía que salve eso.

En las conversaciones se repite continuamente la misma pregunta: «¿Qué has aprendido del confinamiento?», cuyas respuestas son exactamente iguales: «A llevarme bien conmigo mismo y a aceptar la soledad»; «a echar de menos a mis seres queridos, llamar más veces a mis abuelos, hacer piña con mis vecinos»; «a cocinar postres, recuperar los libros, organizar la casa». A veces, todo me parece tan individualista y banal que siento que vivimos rodeados de espejos en los que solo vemos nuestro propio reflejo.

Durante estos meses de pandemia, las llamadas al 016 para denunciar casos de violencia de género y las peticiones de auxilio de menores de edad se han multiplicado.

Pensemos en la mujer agredida de manera sistemática que ya no necesita recurrir al maquillaje porque nadie la va a ver.

Pensemos en el chico repudiado por su condición sexual que se ha visto encerrado con una familia que le desprecia y ante quienes finge una realidad de mentira por pura supervivencia.

Imaginemos un pájaro dentro de una jaula al que, sin sacarlo de ella, lo metemos en una caja de zapatos. La cárcel es doble. Si antes había una salida, ahora la puerta está cerrada. Y eso, que ya ocurría, está sucediendo ahora mismo. El sistema está más debilitado de lo que creíamos y eso sí que es un aprendizaje, esa sí que es una respuesta a todo esto. Hay mucho que hacer y siento que nada de esto ocupa el espacio necesario, que debería ser enorme.

En esta ciudad hay gente haciendo colas kilométricas para conseguir un plato de comida que compartirán entre varios mientras que en los barrios más tradicionales un puñado de irresponsables se manifiesta saltándose todas las medidas de seguridad obligatorias pidiendo «libertad», amparados por algunos de nuestros representantes políticos por pura ideología

manchada de intereses individualistas. Qué es la libertad, llegados a este punto. Qué significa ahora esa palabra tan limpia y tan tristemente viciada. No sé si quiero saberlo, me asusta la respuesta que pueden dar, ha dejado de interesarme. Lo que veo es gente sufriendo mientras otros protestan por lo suyo; médicos que han muerto por salvarnos mientras otros escupen en sus tumbas sin miramiento; confrontación y debates de colegio en las altas esferas que me provocan bostezo y desidia; una mirada puramente egoísta sobre las consecuencias de todo esto.

Quedarse con los buenos no siempre es suficiente.

Es incómodo, yo lo sé, pensar en el que sufre, oler el miedo ajeno, esquivar sutilmente el daño que trae el otro y ponerlo al lado del nuestro. Pero si este confinamiento no nos ha enseñado a cuidarnos entre todos, entonces de qué ha servido todo esto, aparte de para convertirnos en mejores cocineros o mejores familiares. ¿De qué narices ha servido?

Sujetar la puerta

Me gustan mis vecinos. En general, es gente amable. Sonríen cuando entran al ascensor y no se molestan cuando mis perros alteran el silencio del edificio. El día que se estropeó la puerta del garaje estuvimos allí de comitiva, intentando aportar soluciones. Mientras una llamaba al servicio técnico, otro subía a casa a rebuscar entre sus cosas para encontrar la llave manual. Finalmente, otro se quedó aguantando la puerta mientras salíamos en fila.

Durante este confinamiento nos hemos conocido un poco más. La del segundo estuvo amenizando los aplausos con canciones diversas y ahora pone a cantar a John para opacar el ruido de las cacerolas. Nos mira y alza el puño con una sonrisa que no espera nada. Ana, Sofía y Laura (nombres ficticios) viven en el tercero. Las conocemos un poco más porque la habitación de Sofía da al despacho de nuestra casa y la vemos estudiar todos los días. Laura saca a la perra todas las tardes y nos deja pasar antes cuando llegamos a la vez porque se llevan regular, pero no parece que le cueste hacerlo. Ana estuvo en casa una vez por un tema de goteras y me recuerda tanto a la Miranda del futuro que le abriría las puertas todos los días.

Nos hemos enterado, por sus hijas, de que Ana es la dueña de una residencia y no ha parado de trabajar durante estos meses. Después de aplaudir nos quedábamos un rato charlando sobre la situación, pero ella tampoco perdía nunca la sonrisa. Un día colgaron una bandera de España con un crespón negro en su ventana, la misma que llevan en la muñeca desde que las vi por primera vez. La otra tarde, después de aplaudir, salieron a la ventana a protestar con cazuelas. No sustituyeron una cosa por la otra. Con ruido, pero sin insultos. Con voz, pero desde casa, no en las calles saltándose las medidas de seguridad. Intuyo, por los gestos, su ideología.

Asumo que no coincidimos en nada político, que seguramente ellas estén a favor de cosas que puedo sentir en mi contra, que probablemente ellas no estén de acuerdo con algunos de mis pensamientos y no los comprendan. Asumo nuestras diferencias y confieso que el recelo inicial existió, pero esta pandemia me ha enseñado que la crispación y la confrontación no sirven de nada. Vivimos en un país diverso, con ideologías nada afines, con bandos fácilmente destacables, ¿por qué no lo asumimos de una vez? Yo no pienso dejar que los enfrentamientos que llevan a cabo nuestros representantes políticos se trasladen a mi edificio, con mis vecinos, los mismos con los que me he emocionado estas semanas, con quienes me he sentido en la misma dirección, los mismos que nos hemos ayudado y acompañado, que sonríen a mis perros aunque estos les ladren, a los que sujeto la puerta si vienen cargados, a quienes ofrecemos nuestra ayuda y recibimos la suya.

Creo que en la tolerancia se encuentra la paz. Quizá sí que estemos a tiempo de aprender algo de nuestro pasado.

Que la vida siga viva

Mi primera salida a la calle fue a una zona del barrio que he descubierto y que es verde, como el río cuando nadie lo toca. Me sentí como mis perros cuando se acercan al parque y dan vueltas sobre su propio eje para desprenderse de la correa, y brincan, y gimotean, y ladran incluso. Quieren ser libres y tienen prisa y yo ganas de concederles esos ratos a mi pesar siempre breves. Sin embargo, ni corren ni se marchan lejos: tienden a revolcarse sobre la hierba, cerca de mí, con esa mueca extraña que hacen algunos perros y que nosotros llamamos sonrisa porque los que convivimos con animales tenemos una necesidad innata de nombrarlo todo. Eso es la libertad para ellos: la felicidad que produce el contacto con lo que está vivo. Por eso me identifiqué, porque llevaba más de sesenta días con la duda de si quedaba algo viviente ahí afuera. Todavía no tengo clara la respuesta.

La segunda salida, en cuanto se pudo, fue a Grant Librería, en la calle Miguel Servet. No quería ningún libro en especial

La primera persona con la que tuve una charla
tras el confinamiento fue un librero.

y por eso fui: los libreros saben también leer a los lectores. Me puse a hablar con Sergio, uno de los dueños, y cuando llevábamos diez minutos de conversación me di cuenta de que era la primera persona con la que mantenía una charla de manera física. Me llevé tres libros recomendados por él y dejé otro en reserva para tener una excusa y poder volver a entrar a ese lugar que tanto nos da. No entiendo bien la obsesión de llenar las terrazas y el olvido a otros comercios que nos nutren y alivian de igual manera que una caña al sol. No comprendo que se descuide otro tan fundamental como es el librero cuando son los libros los que nos han abierto todas las ventanas que esta pandemia ha cerrado. Me produce un dolor punzante saber que están cerrando y me da miedo imaginarme un futuro sin ellas, por eso no cesaré en mi empeño por defender a los comercios pequeños que se dedican a hacernos grandes.

La tercera salida fue, en realidad, la entrada a mi casa de mis amigos. Qué sensación tan extraña verlos y sentir que nada ha cambiado, aunque el mundo ahora sea otro. Parece que hemos pausado la vida a la vez y la hemos reanudado en el mismo momento. No nos abrazamos, pero no nos hace falta, porque de ellos he echado de menos hasta el silencio. Quiero sus palabras aunque no tenga sus manos, necesito escuchar su risa aunque sea a dos metros de distancia. Salgo de la terraza solo para observarlos desde la puerta y descubrir que sí, que todo lo que quiero está colocado de nuevo en el lugar que necesito.

Y no me atrevo a pedir más. Me quedo en casa, porque desde ella sigo oyendo el sonido de las ambulancias. Solo disfruto de ese breve revolcón sobre la hierba y vuelvo para que la vida siga viva.

El respiro de Madrid

He vuelto a recorrer parte de la ciudad en bicicleta, ya que hace un par de días tuve que acercarme al centro para hacer unas compras. La bicicleta es un animal extraño. Es un bípedo que sobrevive entre elefantes mecánicos, linces tecnológicos y otros cuadrúpedos que hacen ruido, y se acercan, y te acechan, y te superan siempre. Es un esqueleto armado, el único engranaje que te permite sentir la lentitud de la velocidad en la piel.

Me subí en ella y, aunque me sabía la dirección de memoria, me equivoqué de camino dos o tres veces. La rotonda de Puerta de Toledo dispara mis alertas. Ahí tuve un accidente hace unos meses y las imágenes —la sangre, el susto, la noche— vuelven a mi cabeza cada vez que pedaleo y escucho cerca un motor o cuando el ritmo de la carretera me pide velocidad aunque haya cuatro carriles. No puedo evitar ese miedo, pero tampoco me permito huir de él porque es mayor la libertad que da el aire contra el cuerpo.

Fue una de las primeras cosas que quise hacer cuando pasamos de fase: recorrer las grandes avenidas con el viento de frente, aprovechar la ausencia de tráfico, bailar con las esquinas, apretar los frenos que paran también el tiempo, sacudirme el polvo del confinamiento y respirar el aire limpio y breve en una gran bocanada, el mismo que vuelve a ensuciarse y del cual ya nadie habla.

Pedaleé por el paseo de los Melancólicos, una de mis calles favoritas porque la descubrí, quizá, en uno de mis momentos más nostálgicos, hace tiempo, y para mí las palabras lo explican todo siempre. Volví a pasar por la casa que habité hace ya

siete años o una vida, mi primer piso en Madrid. Olí de nuevo ese verde que me despertaba, recorrí en mi mente la corrala que me llevaba a la puerta, recordé secretos que aún se sostienen en alguna nota del pasado. La dejé atrás porque me remueve volver a las cosas que no se pueden terminar.

Crucé por La Latina, extrañamente vacía ahora. Volví a equivocarme de salida y rodeé Tirso de Molina, donde las flores vuelven a colorear la plaza en la que muchas personas hacen cola para comer. Era mi primer paseo en bici y no pensaba en mapas ni en direcciones. Llegué hasta la plaza de Jacinto Benavente y bajé por Carretas, ya que las únicas multitudes que existen ahora son las de las mascarillas y es fácil sortear a los pocos que caminan como si tuvieran un sitio mejor al que ir.

Bordeé Sol y me atreví a adentrarme por Montera, algo impensable hace unos meses si no hubiera sido a pie. Seguí el camino abierto por un coche de policía y en apenas un minuto había llegado a Gran Vía, fin de mi destino, fin del camino de esta ciudad cambiada, tristemente silenciosa pero también más tranquila, en la que equivocarte de dirección siempre es un acierto.

El balcón apagado

Como cada mañana al despertarme, abro Twitter y me empapo de las últimas novedades. A veces descubro hilos sobre teorías de la conspiración que me tienen enganchada un buen rato; otras veces solo leo comentarios vertidos de rabia y odio e irremediablemente me contagio y empiezo torcida el día; hay momentos en los que alguien cuenta curiosidades que poco o nada me interesan pero que leo de igual manera; y hay otros en los que doy con un mensaje contra el que golpeo de frente y ya no me escapo en toda la semana.

Hoy di con uno de los últimos. Lo firma José Antonio Bautista. En su tuit adjunta una foto de un balcón lleno de plantas muertas. Es un balcón anciano, de toldo verde y desgastado, de esos que pueblan Carabanchel, aunque podría ser de cualquier ciudad. La pareja de ancianos que cuidaba de sus plantas, a seguro bien queridas, ha fallecido por COVID-19. Seguramente su familia, ahora que todo está apagado, ni se haya acordado. ¿Quién piensa en regar una planta cuando tus padres o tus abuelos han muerto de pronto? Ahora la vida que queda en esa casa se va apagando también, se va secando como se seca el río en el que nadie vive o el reflejo de las farolas cuando cerramos los ojos.

Pienso en las plantas de mi abuela, esas que cuida desde hace años y son parte de la familia. Pienso en las arrugas de sus manos, en su pelo siempre perfecto, en su voz cuando está asustada y en cómo se proyecta cuando las noticias son buenas. Pienso en cómo refugia su miedo para no asustarnos. La imagino asomada a la ventana. Creo que nunca la vi demasiado triste. Pienso si eso es algo que viene adherido a las palabras *abuela* o *padre*: camuflar las emociones, disimularlas como si fueran igual de contagiosas que este virus mortal y doloroso.

En la calle del balcón apagado siguen aplaudiendo los vecinos. Bautista adjunta un vídeo en el que se puede ver a los inquilinos de los balcones contiguos asomarse, continuar el ritual del aplauso al aire. Mientras que en las fachadas de las calles las palmas van desapareciendo, en esta parece que el aplauso resiste, que por unos minutos la casa del balcón apa-

José Ant Bautista @JoseA... · 7 jun. 2020 · · ·

Hace nada ese balcón era un vergel. Ahora está así de triste porque la pareja que le daba vida murió por covid.
Los balcones muertos son cicatrices visibles de la pandemia. Recuerdo de tantas personas queridas que se fueron. A veces cuesta creerlo.

○ 178   ↺ 2,6 mil   ♡ 9,1 mil   ↑

gado se llena de ruido, de un ruido provocado por quien se ha llevado por delante a esa pareja, un ruido agradecido y también enfadado, porque tenemos derecho a estar enfadados, a rebatir con rabia esta pandemia cruel que ha ido vaciando los balcones más bonitos de la ciudad.

En el mío hoy me despiertan los pájaros. He tenido una pesadilla y con su ruido consiguen sacarme de ella. Llevamos desde el principio de la cuarentena dejándoles pan en el alféizar. Anoche se nos olvidó, así que esta mañana pían con fuerza, confundidos o tristes, quizá enfadados o hambrientos, o puede que sedientos, como las plantas que ya nadie riega, como las plantas a las que también va matando esta pandemia.

Madridcentrismo

Existe una corriente mal dirigida contra los madrileños que viene a poner de manifiesto el *madridcentrismo*, esto es, el hecho de que los medios hablen durante la mayor parte del tiempo de lo que acontece en la capital y que poco o nada interesa al resto del país. Esto no es nuevo, es algo que salta cada vez que hay alguna situación que concierne al conjunto de comunidades autónomas. Y digo mal dirigido porque esto no es responsabilidad del madrileño, qué va. Ni del colindante. Cada uno debería mirar lo que produce y lo que consume. Quizá ahí está la clave.

Suena lógico, pero en este mundo hace tiempo que la razón ha perdido poder. Si unimos esta vertiente de rechazo mediático a los discursos que, fruto de la pandemia, llevan a otros habitantes a clamar que ningún madrileño pise sus territorios mientras aplauden a los extranjeros que bajan de los aviones, tenemos como resultado una hostilidad preocupante hacia una ciudad amplia y generosa, la habite quien la habite. Leo que algunos presidentes de otras comunidades expresan su desagrado a que los que vivimos en la capital y en Cataluña viajemos en verano a sus ciudades. No plantean una duda ni tan siquiera una solución.

Llevo casi diez años en esta ciudad y conozco a pocos madrileños. En la carrera, todos éramos de aquí y de allá. Pasaron los años y conocí a gente de todas partes, todos residentes aquí: Galicia, Andalucía, Castilla y León, Asturias, Cataluña, Murcia... Los acentos, cuando son distintos y forman parte de una misma conversación, suenan a futuro. En Madrid encontré amor, daño, cobijo y trabajo. Es una ciudad formada por personas de distintos lugares que, sin embargo, ha conseguido mantener una identidad clara, y si eso sucede es porque nunca ha querido imponerla. Me pregunto qué habría sido de mí si Madrid me hubiera cerrado la puerta, si la pandemia mundial me hubiera pillado con veinte años y ganas de crecer hacia delante en una ciudad sin puertas, si no hubiera habido posibilidad de cambio.

No soy madrileña, pero pago aquí mis impuestos. Parte de mi familia vive en la capital, todos emigrados. Lloré el 11M desde mi ciudad. Participé el 15 de marzo en la Puerta del Sol con tanta ilusión que lo creí posible. Viví un 8M histórico. Besé en los cuartos de baño de las discotecas más sórdidas de Chueca. Mi médico cuida de mí en uno de los mejores hospitales públicos de la ciudad. Voté a Manuela Carmena y ganamos, y la perdimos también. Protesté, reí y leí mis poemas en los bares de Malasaña. Bailé en el WiZink Center. Volví a montar en bici por el paseo del Prado. Tuve un accidente. Crecí como nunca, perdí como nadie. Madrid me da palabra y me escucha. Conozco algunos de sus rincones —no todos—, y eso es lo que me mantiene enganchada a esta tierra: siempre queda algo más. Y agradezco cada día la puerta abierta.

No me gusta el patriotismo autonómico, pero me he dado cuenta de que Madrid también me duele. Debemos tener memoria.

VERANO

Mi bandera

Este año será el primero sin la celebración en las calles del Orgullo. No me lo he perdido ni una vez. Los primeros años, cogía el autobús desde Segovia y llegaba a Chueca, dispuesta a ver la cabalgata con 35 grados a la sombra y mucha sed. Se hacía de noche y la alegría siempre se ampliaba, se deshacía por las callejuelas del barrio, nos llevaba a los parques y a los bares, siempre llenos. Esa noche, en ese barrio, todos se ríen y por primera vez nadie llora. Sentirse seguro es un privilegio que todavía no es nuestro.

Otros años evité la fiesta y lo celebré a mi manera: en casa, brindando por lo conseguido en una terraza o bailando en el salón con la misma efusividad con la que lo hice en la plaza de —nuestro querido— Pedro Zerolo. Nunca dudé de mi derecho a ser feliz siendo como soy. Nunca consiguieron que lo hiciera. Nunca lo harán.

Mi realidad es afortunada, también, porque la he trabajado. He plantado cara a los que me perseguían por la calle riéndose de mí, he respondido en voz bien alta a los mensajes que señalan, he echado de mi vida a quien no toleraba mi libertad, he peleado por quienes no pueden hacerlo. La felicidad de poder ser quien realmente soy con quienes más quiero me ha impedido sufrir la crueldad de quienes han intentado evitarlo.

La gran mayoría de las personas LGBTIQ+ que conozco tienen problemas en casa —casi todos con su padre—, han visto cómo anulan su género, han sido discriminados en la escuela o en el trabajo por su condición sexual o han sufrido agresiones en la calle por ir de la mano con su pareja, sin encontrar protección suficiente en las autoridades competentes. Todos sentimos miedo. Todos miramos a nuestro alrededor antes de besar a quien queremos. O bajamos la persiana. O disimulamos la caricia. O nos conformamos con los ojos. Lo más triste es que es un acto reflejo, algo que sale de manera innata porque hemos crecido en un mundo que nos niega, que habla sobre nosotros sin que nosotros podamos defendernos, que castiga nuestra existencia, que llama suciedad a la valentía de quererse, que nos echa de casa, que se atreve a decir lo que somos sin atender a lo que sentimos.

Disimula, aquí no, en tu casa lo que quieras, que no te vean, lo que me faltaba, por qué me haces esto, tú no eres una mujer, ¿te gusta todo?, viciosa, enfermo mental, me das asco, tú no puedes tener hijos, sé un hombre, eres la vergüenza de la familia, te voy a quitar la tontería a hostias, te voy a matar, mereces morir.

El enfermo es el que no lo entiende. Yo no necesito tu aceptación, pero sí necesito que te cures para que mi vida, nuestra vida, sea mejor. Y por eso peleamos. Por eso celebramos. Por eso salimos a las calles o gritamos desde casa. Por eso siempre nos sentiremos orgullosos de ser quienes somos.

A pesar del tiempo

Salgo del túnel de la M-30. Son las nueve y media de la noche y la luz que suele cegarme por las mañanas hoy me recibe de ese color que solo tiene el cielo de Madrid: naranja intenso, tan intenso que mancha, que se extiende como la niebla por los ojos o el agua frente a la sed, pero no pesa ni tampoco ahoga. Es tan breve que es imposible adivinar de dónde viene.

Soy incapaz de contabilizar los kilómetros que me he hecho los últimos días entre Madrid y Segovia. He podido volver a mi familia, porque para mí ellos son un lugar, un sitio al que regresar. Me sé de memoria el camino, la curva pronunciada de la salida 23, la oscuridad del túnel que nos separa, los cuatro grados de diferencia entre una ciudad y otra, el importe del peaje de la autopista y de la nacional, el perfil exacto de la Mujer Muerta y cuántas canciones me da tiempo a escuchar durante el trayecto. Conozco las vías de servicio, los atascos infinitos de los domingos, esa pendiente en la que no hay que soltar el freno, dónde se esconden los controles de velocidad. Me gusta conducir porque el paisaje, aunque cambia, siempre es el mismo, y siento predilección por las cosas que se mantienen iguales a pesar del tiempo.

El regreso a las personas que amamos después de tanto tiempo está siendo tan hermoso que siento que la vida perdida ha sido solo un impulso. No quiero llamarle a esto «nueva normalidad» porque para mí nada es normal si no puedo abrazar a mis abuelos, pero si algo debemos aprender es a valorar lo que tenemos por encima de lo que necesitamos. No es conformismo: es aceptación, uno de los actos que más calma me producen.

Pasé mi cumpleaños y el de mi hermana sin mis padres, me perdí momentos tristes, motivos para ser felices juntos, regalos en persona, celebraciones familiares, noticias urgentes. No pude darles la mano cuando lo necesitaron ni aparecer por sorpresa un fin de semana y llenarles la casa de los pelos de mis perros. Fue imposible huir de la prisa madrileña que amo, despreocuparlos mirándolos a los ojos, despertarlos en el sofá para que se vayan a la cama, prepararles la comida cuando el trabajo se acumula.

Pero en Madrid aparecieron Fran y Andrés por la puerta, escuchamos la sonrisa de Conta, aplaudimos a una Sara mucho más sana y fuerte, vino Vero a contarme que por fin podía volver a la calle a ayudar a la gente sin hogar, celebramos con Alberto que regresaba a casa con su abuela, Irene volvió conmigo para no irse nunca, me reí con Andrea igual que cuando dormíamos pared con pared y todo era mucho más sencillo.

Porque en el fondo nada ha cambiado. El amor sigue siendo del mismo color: naranja intenso, tanto como la niebla o el agua. Exactamente igual a pesar del tiempo o del paisaje.

Pero yo sí quiero hablar de ti

En Madrid nadie quiere hablar del tiempo, y no sé si tengo potestad para hacerlo yo, que huyo del calor como de la peste y que espero con temor cuando se asoma junio al calendario. En Madrid nadie quiere hablar del tiempo, pero no se puede nombrar otra cosa cuando llegamos a los sitios destinados empapados en sudor, con la frente perlada, el escote hecho cascada, los muslos resbaladizos, el aire que ya faltaba mucho antes de las mascarillas.

El calor madrileño es un puñetazo seco contra el pecho, una manta de brazos largos que se enredan por el cuerpo ajeno, una canción repetida en una fiesta. La tensión baja, el coche arde, la brisa no existe. El infierno se encuentra bajo el asfalto, desde donde rezuma la combustión del alquitrán que se pega a los pies y sube por la piel, como estas palabras que no terminan. Porque el calor madrileño no tiene fin. Simplemente desaparece cuando ya nos hemos acostumbrado a él.

Salgo a la calle y veo a los policías en uniforme en las estaciones sin ventilación, como la de Atocha; a los trabajadores de servicios públicos de calle con el mismo traje que visten en invierno; a los albañiles recibiendo los rayos del sol desde las alturas de las obras retomadas; a la gente sin hogar rechazar el fuego que los protege en invierno; a los ancianos que se cubren sin mucha intención; a los turistas, a quienes no parecen importarles los cuarenta grados; a los conductores profesionales en traje que no pierden la sonrisa y no se dejan llevar por el agobio; a los perros inmóviles en las aceras, jadeando de sed, estáticos, a punto de la hibernación veraniega. Veo sus cuerpos deshaciéndose bajo el bochorno que lleva a los más afortunados a vaciar la capital en verano. Veo la boina de polución que ha vuelto —o quizá nunca se fue— al cielo de Madrid, esa nube mortal que nos va envenenando poco a poco.

Y de repente te veo a ti.

Caminas un par de centímetros por encima de las baldosas y sé que sonríes aunque la mascarilla no me deja verlo porque tú siempre sonríes con todo el cuerpo: tus pies se inclinan, las piernas se curvan, puedo jurar que el hueso de tu cadera mar-

ca un ritmo distinto, tus brazos se alargan —casi llegan al sue-
lo— y lo que cae de tu frente no es sudor, tiene el color de los
manantiales. Porque toda tú eres una fuente, no hay nada en
ti que no sacie. Las canciones vuelven a sonar, el cuerpo se li-
bera, vuelve la brisa que me lleva hacia ti, hacia tu boca abier-
ta llena de agua, ese pequeño milagro del verano que solo su-
cede en Madrid.

De repente te veo a ti.

Y no quiero hablar de otra cosa.

Madrid en verano

Dicen que Madrid se vacía en verano.

Que todos huyen, que se puede oír el ruido de los neumá-
ticos contra el asfalto, que las avenidas se agrandan y lo que
antes era una calle estrecha ahora es un camino infinito.

Que los parques huelen a desierto, que el ruido incesante
se convierte en un murmullo inaudible, que las persianas se
bajan y los comercios cierran.

Que se pueden ver cientos de niños alejándose en sus bici-
cletas por carreteras secundarias hasta septiembre.

Que los autobuses son solo una carcasa que para en sitios
donde nadie espera.

Que la prisa se congela como en la escena de una mala pe-
lícula y solo queda algún turista parapetado en la sombra de
un edificio señorial.

Dicen que Madrid se vacía en verano.

Y yo me pregunto cuánto ocupan las personas que no se
mueven.

241

Cuánta gente estará muriendo en la capital en este preciso momento, cuántos estarán exhalando su último suspiro, quizá conscientes o preparados, puede que asustados o resignados, o tranquilos y satisfechos, o tristes y enfadados.

Cuántos estarán besándose en esquinas por donde ya no pasa nadie, en bancos donde ninguno se sienta.

Cuántos se habrán quedado en Madrid al lado de su pareja en vez de marcharse a la playa porque el amor, como todos sabemos, sabe más dulce en verano.

Cuántos estarán rompiendo y sintiendo que no hay ciudad capaz de abarcar una pena tan inmensa y sin horizonte.

Cuántas mujeres estarán en sus hogares aterrorizadas, disimulando las heridas, mirando la ventana como quien contempla el mar a través del fuego.

Cuántos bebés estarán naciendo ahora bajo este sol tan poderoso y respirarán un aire un poco más limpio, y conocerán un lugar un poco más vacío, y vendrán a llenar Madrid de un llanto incierto y justificado, porque lo nuevo siempre asusta y no podemos olvidarlo.

Cuántos ancianos estarán en sus hogares tan solos como siempre, tan solos como nunca, contemplando el verano como una estación más en la que tampoco van a bajarse, porque su vida es un viaje sin paradas.

Cuántos estarán trabajando exactamente igual que en invierno, a pesar del cansancio, del encierro acontecido, de la falta de descanso.

Cuántos estarán cocinando para cuatro, leyendo un libro en sus balcones cuando el calor lo concede, recibiendo una llamada que ya nunca dejarán de escuchar, preparando un plan que saldrá mal, con necesidad de huir, estudiando cosas que olvidarán tan pronto como las aprendan, pensando en un viaje futuro, llamando por teléfono a los padres que tardarán en volver a ver, despidiéndose del trabajo, olvidándose de los suyos, echando de menos el pasado sin asombro.

Cuánto ocupa lo que creemos vacío, lo que no hace ruido o lo que se queda en casa, ya sea por miedo, soledad, casualidad o intención.

Puede que Madrid, en verano, esté más lleno que nunca.

Pidamos la conciencia

Los días posteriores a la reapertura de las fronteras entre comunidades, después de unos meses de dolor y distancia, de pánico y cautela, oí el mismo comentario por parte de los afortunados que habían salido: «No tiene nada que ver con Madrid». En general, mucha gente ya paseaba sin mascarilla en otras ciudades, no guardaba la distancia y se comportaba como si la muerte no hubiera arrasado en el planeta. Intentaba comprenderlo: la capital había sido uno de los lugares más devastados por la pandemia. Quizá en otras ciudades con menos población y, por ende, menos enfermos la conciencia no se había visto sujeta de manos y pies y no había mirado de frente y sin pestañear el peligro. Pero no: el egoísmo, la ignorancia buscada o la dejadez no tienen justificación.

Estos días, sin embargo, en los que paseo por ciudades menos prietas, por pueblos en los que nadie cierra la puerta porque no hay vecinos, en los que doy la bienvenida a gente que viene de lugares en los que no ha habido colapso en los centros de salud, me descubro sorprendiéndome por la exactitud del ejemplo, por el cumplimiento de lo que se ha visto forzado a ser obligación: de nuevo, la mascarilla, la distancia, el miedo. Porque sí, debemos tener miedo: estamos enfermando, nos estamos muriendo. Y lo que uno no debe hacer cuando tiene miedo es quedarse quieto. Cuando uno tiene miedo debe construirse un escudo, sentir que está haciendo algo, que le está poniendo remedio, que jamás podrá reprocharse que no hizo lo debido para él y para el resto.

Pero vuelvo a Madrid, ese epicentro del caos, ese número que se hizo grande para restarnos, esos balcones donde el engaño era hermoso y confortable, esos hospitales devastados, esos supermercados que nos educaban, esos autobuses azules que nos recordaban el color del cielo que ya no mirábamos, esa ciudad en la que los que mandan no hablan, en la que los que mandan no defienden, en la que los que mandan solo callan y desvían la mirada, y no logro entender por qué esos mismos no nos obligan, como hacen nuestros padres cuando somos seres minúsculos e inconscientes, a cuidarnos, a protegernos, a intentar superar esta amenaza.

Si alguien me pregunta qué estoy aprendiendo durante esta pandemia, le diré que me he dado cuenta de que la responsabilidad individual no es suficiente. No entiendo que exista gente que funcione mejor bajo el miedo que bajo la libertad. Así que como todos hemos demostrado saber funcionar mejor con prevención que con albedrío, pidamos la cautela, pidamos la mascarilla y la distancia obligadas, pidamos la conciencia forzada, pidamos que nos cuiden si no sabemos hacerlo nosotros: es lo único que nos va a salvar la vida.

Sobre amores tóxicos

Me gustaba la política. Cuando era adolescente, tuve una época —una de tantas— en la que grababa en cintas de casete las intervenciones de mis políticos favoritos —favoritos porque creía en ellos sin reparo— y acudía a algún mitin a verlos en persona. Les escuchaba decir desde la oposición que iban a devolver el dinero a los bolsillos de los ciudadanos y eso me enloquecía. Menos mal, pensaba, como si alguno de esos euros fuera mío. Después me hice mayor, me di cuenta de cómo funciona el mundo. Y ya no puedo decir que me gusta la política, si acaso que me sigue interesando de una manera inevitable, tanto que a veces lo paso mal, porque siento un enganche tóxico con la actualidad. Detesto lo que están provocando en la sociedad: unos por no callarse y otros por no callar. Me decepciono con cada promesa incumplida. Me enfado con los debates injustificados. Me entristece ver que las cosas de siempre siguen siendo exactamente iguales. Y a veces, a ratos, recupero esa tranquilidad del pasado cuando veo que alguien hace las cosas bien.

Amo a Madrid. Adoro esta ciudad porque siento que ella también me quiere a mí ya que me defiende, me protege, me ofrece oportunidades, me acoge y me cuida sin pedírselo. Y algo parecido debe ser el amor, ¿no? Sentir que uno está en el lugar donde quiere estar. Sin peros. Es por ello que me cuesta aceptar lo que algunos intentan hacer con ella. No puedo comprender que se haga política con la vida. No puedo comprender que dependa de un político la legalidad del amor que yo siento por quien yo elijo, que dependa de un político la libertad de elección y el cuerpo de una mujer, que dependa de un político lo que debería depender de un experto en pandemias, que dependa de un político que sea puro o venenoso el humo que aspiran nuestros pulmones porque alguien decide convertirlo en ideología. No entiendo, insisto, que se haga política con la vida.

Siento que la política es como aquel estribillo pegadizo que aun resuena en la memoria: un pasito *palante*, un pasito *patrás*. Me recuerda, a veces, a esos amores tóxicos que no te sueltan ni puedes soltar. Esos a los que pides constantemente atención o cuidado, a quienes crees aunque acumulen mentiras, a quienes perdonas el egoísmo y los errores, a quienes sigues creyendo porque el amor, te dicen, es así: mejor lo malo que lo peor. No creo que exista algo más triste que verte en la necesidad de pedir que te cuiden. Quizá el error sea ese: no plantarse, no exigir algo mejor, creer que no podemos aspirar a más, cuidarnos mal a nosotros mismos para que otro no lo haga peor.

Es posible que todo pase si me desintoxico y dejo de hablar y pensar en ello. Creo que me va haciendo falta un poquito de amor propio.

Los que se van y los que se quedan

Ha llegado el fin de este verano extraño y apresurado. Para mí, ha cabalgado a un ritmo trepidante. Los días se han sucedido con vértigo, el mismo de los reencuentros y los momentos de duda. Estoy triste porque no he dejado de anteponer el codo al abrazo con mis abuelos, pero me he reafirmado en la alegría y fortuna por poder hacerlo. El trabajo se

*He perdido la cuenta de los libros que he leído al sol, bajo el árbol que echaba
de menos en mayo, mientras escuchaba de lejos la voz de mi madre
o el ladrido de mis perros.*

ha desplomado, ya que me han cancelado los recitales que tenía programados por brotes de contagio y miedo, pero he perdido la cuenta de los libros que he leído al sol, bajo el árbol que echaba de menos en mayo, mientras oía de lejos la voz de mi madre o el ladrido de mis perros, así que no me escucharán quejarme. No lo haré. No estoy en primera fila. Aunque defiendo el derecho al pataleo, creo que esto es mucho más grande que nosotros, esto no lo arregla un tuit que trata de buscar culpables porque el ser humano es así. No. Solo queda apretar los dientes, cumplir las medidas y pedirle con fuerza a la suerte que no pase de largo.

Como cada verano, pausé Madrid y me fui a mi ciudad, a esa rutina constante de los días de calor que tanto agradezco cuando llega el frío. El silencio a la hora de la siesta es una canción. Ahora vuelvo con las ganas de septiembre, como el que coge aliento y, por fin, lo expulsa. Y entonces llegan los reencuentros con los que nos acompañaron los meses de confinamiento.

Porque los que se quedan también lo hacen con las ganas de que los demás vuelvan. Así pasa, por ejemplo, en la capital. Me cruzo con mis vecinos, nos preguntamos por las vacaciones, Pepa intenta de nuevo colarse en casa con sus patas grandes. Vuelvo a encontrarme con Patricia, la mujer que se derrumbó en el ascensor porque no dejaban de morir los ancianos de su residencia. Ahora sonríe un poquito más, nos sujeta la puerta con distancia, se aleja con la prisa de los que tienen un sitio al que ir. Regresa Pedro, que nos recoge los paquetes de nuestra tienda online que nos salvó en el confinamiento y nos dice alegre que crucemos los dedos para que le renueven el contrato, que él no quiere vacaciones, que su trabajo le hace feliz. El quiosquero nos tiene guardado el periódico, mi frutero me ofrece los tomates más grandes y camino a casa pienso en cuándo volverá Ana, la farmacéutica llena de luz de mi calle.

Cuando se tiene miedo, uno puede elegir entre quedarse quieto o seguir pese a él. Todos lo tenemos, que nadie se confunda. La salud sigue enferma y el riesgo es colectivo. Pero debemos seguir, caminar hacia delante, sortear los obstáculos, colocar las piedras solo donde deseemos descansar, dar todas las luces, apagarlas para seguir el reflejo que dejan y comprobar que sí, que se puede ser feliz a pesar del miedo igual que se puede llorar cuando uno se siente a salvo.

Un año sin horizonte

Está siendo un año extraño. Alejados de todo lo que damos por hecho, hemos descubierto que la rutina era también un sueño, un anhelo que nos ubica en la maraña de los días que se suceden sin parar.

Cuando llega un mes lleno de trabajo, trato de visualizar el calendario por días en vez de por semanas. Así, la mente se centra en las tareas de forma individual y no se agobia por lo que todavía no viene. Algo así me sucede, a nivel anual, con los eventos importantes. Mi vida se articula en torno a una fecha especial y todo lo que ocurre a su alrededor pasa mejor, como la pastilla que se coloca al final de la garganta y claudica con un breve sorbo de agua.

Para mí, la Feria del Libro de Madrid es ese evento sobre el que gira el primer semestre del año. Las editoriales trabajan sus novedades de cara a la campaña de Navidad, el Día del

Mi padre me regaló en agosto el libro que me debía, por costumbre,
desde el 23 de abril, pero él y yo sabemos que no es lo mismo.

Libro y Sant Jordi y la Feria del Libro de Madrid. Son los grandes acontecimientos que impulsan a los libros como pequeñas bengalas, colocándolos en las cabeceras de los noticieros, en los escaparates de las tiendas, en las manos de los lectores. Y a nosotros tras ellos, dejando nuestra impronta en las páginas que no se leen pero se guardan, recibiendo la emoción del espectador, en esos breves ratos en los que la palabra *gracias* se duplica y se abraza en direcciones contrarias.

Nos hemos quedado sin Feria este año, a pesar de los esfuerzos. Y sin Sant Jordi. Mi padre me regaló en agosto el libro que me debía, por costumbre, desde el 23 de abril, pero él y yo sabemos que no es lo mismo. Nadie sabe lo que pasará en Navidad: quizá podamos brindar protegidos o puede que los regalos ya no lleven huella dactilar.

Yo terminé mi nuevo libro hace unos meses. Llegó a casa unos días antes del estado de alarma. Pudimos pausar su publicación. Y ahora duerme en el despacho en un puñado de cajas que ocupan lo mismo que las dudas. Algunos compañeros deciden publicar, valientes, porque la literatura no puede parar y estamos faltos de historias que nos saquen de la misma palabra repetitiva, así que me acerco a la librería y me hago con las novedades porque la falta de eventos convierte esto en un acto necesario. Otros alargamos el tiempo, lo estiramos como un chicle confiados para ver si, de alguna manera, conseguimos salir de esta y recuperar el encuentro con el lector. Porque para mí se ha convertido en imprescindible: escribir un libro es un acto individual, pero para publicarlo necesito que alguien lo sostenga.

Me resigno. Quiero ir al Retiro, firmar mis libros, hacer cola para mis favoritos, abrazar a mis lectores, dar las gracias a los libreros, pasar las horas esperando ese pequeño milagro que significa que alguien escoja tu libro entre todos. Lo sé, sé que pensar en ello es poco productivo, pero cómo duele este año sin horizonte.

Madrid (no) es de todos

Nunca he mirado a alguien y lo primero que he visto ha sido su raza. Cuando era pequeña, mi amiga Rubí era Rubí, no era la rumana. Christian tenía un acento distinto, pero Ecuador era solo su país de nacimiento y no su carné de presentación. Aprendí que Sofía era la capital de Bulgaria porque Drago era de allí, pero eso solo fue un truco nemotécnico y en ningún caso algo que le hiciera diferente. Con pocos años, los miraba y lo único que veía era a niños luchadores, tristes en algunas ocasiones, pero conscientes siempre. Nunca aprecié la distancia entre nosotros porque nunca nadie nos situó en lugares distintos, pero ellos ya venían de otro lugar, uno que te marca cuando debes dejar tu país y que te convierte en una persona con una visión injusta del sacrificio. Creo que tardé en entender de dónde venía todo aquello: su manera de comportarse tan complaciente, la voz quieta de algunos, la rabia contenida de otros. Pienso en ellos ahora como niños e imagino la complejidad del asunto, y me pregunto si alguna vez les hicimos daño, si pudimos hacer algo más por ellos y no ocurrió, si supimos leerlos por dentro y no quedarnos solo con la historia de fuera.

No he podido ver el vídeo de la agresión racista en el metro de Madrid por parte de dos menores a una pareja latinoamericana (uno de tantos). No por la violencia y crueldad de las agresoras —a eso ya estamos todos acostumbrados—, sino por el dolor que rezuma en el vídeo, un dolor absoluto y punzante que se convierte en una especie de neblina persistente: el dolor de los agredidos, que reciben los insultos casi sin sorpresa, que asumen el ataque como si fuera uno más. Debemos condenar la agresión, pero debemos hacernos cargo también del dolor provocado, de la emoción partida. Algunos de nosotros seremos afortunados y no llegaremos nunca a empatizar con una situación semejante porque la vida nos ha colocado en un lugar más afortunado, pero no podemos clamar el amor por esta ciudad, ese *Madrid es de todos y todas*, la ciudad que acoge a todo el mundo, cuando eso no es cierto. No lo es.

Algunos medios y políticos exponen la raza antes que el nombre. Con eso lo que consiguen es que nosotros, en la calle, veamos razas y no nombres. La manipulación es sutil, el cambio es lento, es un proceso estudiado. Nada queda ya en nosotros de esos niños limpios que veían el mundo del mismo color. Nos están convirtiendo en seres individuales que ven molinos donde solo hay gigantes y viceversa. Nuestras manos están vacías y ellos se encargan de ponernos fantasmas en ellas para que creamos que algo nos pertenece.

Y no. Lo único que nos pertenece es el dolor que causamos en el otro y si no hacemos algo, pronto, nos va a arrastrar y cuando queramos darnos cuenta nos habremos convertido en esas personas que negábamos ser. Hagámonos todos cargo de él: es demasiado grande para uno solo.

La cultura cura

La anestesia del verano ha durado poco. Las cosas nunca se solucionaron: solo fueron a mejor. Y ahora que la vida se vuelve a activar, y el curso comienza, y el trabajo amontonado reclama su espacio, nos chocamos los unos con los otros y el movimiento de esta pandemia vuelve a reactivarse. La situación es mala, el peligro real y el panorama desalentador, pero al menos no nos pilla de sorpresa.

El caso es que he pasado todo el verano leyendo y viendo series, pero lo cierto es que me faltaba algo: tenía ganas de volver a Madrid para ir al teatro.

El teatro es algo que he descubierto aquí en la capital. He visto obras de todo tipo y, si la época es tranquila, intento ir al menos una vez al mes o cada mes y medio. Es un mundo que me fascina, un arte que recibo de manera física: siento que algo dentro de mí crece cuando salgo de una obra. Para mí es una disciplina tremendamente complicada que trasciende cualquier tipo de expresión: ahí hay alguien, en directo, haciendo de otro lo suficientemente bien como para que te olvides de quién es de verdad. Si eso no es un don, que baje quien sea y me lo explique. No me va a convencer.

Tras ver el maltrato que está sufriendo la cultura, lo primero que hice cuando volví fue ir al teatro y al cine con toda la seguridad y tranquilidad que da un sector que se está dejando la vida para que el peligro sea nulo. Porque la cultura siempre es segura, haya pandemias o tristezas, la cultura siempre cura.

Así, pude disfrutar el otro día de *Fariña*, la adaptación teatral de la novela homónima de Nacho Carretero, dirigida por Tito Asorey, en Naves del Español, en Matadero. Qué delicia, qué rato más absolutamente delicioso. Si siempre me hace crecer, el otro día además me hizo viajar a un lugar mucho más amable que el que habitamos últimamente. Un par de días después —por qué esperar— me puse mis mejores galas y me fui al cine a ver *Las niñas*, un drama inolvidable, en una sala tristemente ocupada a la mitad, pero que resiste como resistimos todos los que elegimos la cultura como única manera de caminar por este mundo. Otra maravilla.

Mientras escojo mi próxima obra —creo que va a caer *Matar cansa*, en el Kamikaze—, voy a pedirles un favor: no abandonen a la cultura. Confíen en ella como lo han hecho siempre.

Abran la puerta del teatro de su barrio.

Escojan una película que los mueva por dentro.

Vayan a por el último libro de su autor favorito a la librería más pequeña que conozcan.

Dense un beso en un museo.

Canten a grito pelado en el concierto de su vida.

Apúntense a clases de danza.

Pero no se dejen apagar por el miedo: eso nunca.

OTOÑO

Vergüenza

Qué vergüenza, Madrid. Qué bochorno más grande. Qué estás haciendo, en qué te has convertido. Por qué le das la mano a quien te arrastra al suelo. Por qué permites la humillación. Por qué no te plantas. Por qué no te cuidas.

Lo que está sucediendo en Madrid es un escándalo. En mi barrio hay tres lugares que no solo no se vacían, sino que cada vez albergan más gente. El primero es el centro de salud, por el que he de pasar obligatoriamente a recoger mis medicinas. La enfermera que atiende en la puerta no abandona la sonrisa. Trata a la gente con suavidad, casi parece que acaricia con los ojos. Le hace una broma a una niña que espera con su padre delante de mí. No parece que le suponga un esfuerzo ser amable, pero intuyo que es pura supervivencia. La ternura frente al caos como manual de resistencia. Ojalá le funcione. Otro de los lugares que no se vacían son los bancos. Acudo al mío también por obligación saltándome el régimen de semiconfinamiento que me he impuesto a mí misma ya que los que deben hacerlo no lo exigen y vuelvo con ansiedad a casa. Una experiencia horrible: no por los trabajadores, sino por los que acuden, desesperados, a que les resuelvan dudas que no tienen una respuesta correcta. Por el tercero paso cada día en la salida con mis perros. En su puerta, cada vez más personas: hay discusiones, llantinas, súplicas. Es la Oficina de Empleo. Y mientras estos tres lugares explotan, los contagios se multiplican, los muertos se amontonan, el sistema colapsa, el virus crece, crece, crece. Nada cambia.

No sé cómo está el resto de la ciudad. Sé lo que hay en mi barrio porque alguna tarde salgo a pedalear. Huele a enfermedad, pero ya no huele a miedo: no sé si ha desaparecido o es que nos hemos acostumbrado. Y eso, acostumbrarse a una emoción tan poderosa como el miedo, es un error, un fracaso absoluto. El miedo nace para ayudarnos, para sacudirnos, para que recuperemos el movimiento, para que no vivamos estáticos esperando quién sabe qué. El miedo nace para que vivamos alerta porque el mundo, aunque trabajemos por lo contrario, no es un lugar amable. El miedo existe para que las cosas cambien. Nos obliga a cuidarnos, a buscar refugio. Es una emoción particular. El miedo existe para que lo derrotemos, pero para eso debemos tenerlo.

Por eso no existe nada ahora mismo que me avergüence más que un político sin miedo. Una cabeza al mando a la que nada le atemoriza. Una mente temeraria. Un responsable sin necesidad de encender la luz porque la oscuridad no le asusta. No hay nada más peligroso que una persona sin miedo.

Y esa es la mano a la que te estás agarrando, Madrid. Esa es la persona con la que te acuestas cada noche. Por eso me das vergüenza. Pero más vergüenza me da que me hagan sentir vergüenza de ti.

¿Me abres?

Están presentes en mi vida. Vienen a mi casa prácticamente todos los días y casi siempre suelen traerme sorpresas. Cuando son malas noticias, lo intuyen y me sonríen con complicidad en los ojos. Manolo no pregunta, pero conoce los remitentes y maldice a quien haga falta. «Ya les vale a estos cabr...», suelta. Y yo, si no fuera tan tímida, le chocaría los cinco. Un día me trajo un fanzine del barrio en el que había participado con un poema. Me lo escondió rápidamente entre dos paquetes y, mientras se cerraba el ascensor y se colocaba el cigarro en la oreja, me dijo: «Eso es un regalo de mi parte». No es un tipo que espere una contestación o un intercambio. Por eso es mi cartero favorito. Por eso y porque aunque no traiga nada para mí siempre llama a nuestro piso porque sabe que le vamos a abrir.

En mi anterior casa, la cartera nunca subía si no era necesario. «Nena, te lo dejo en el ascensor, el tuyo era el primero, ¿no?» Y a mí, que soy de esas que aprovecha las cenas con amigos para que al marcharse tiren la basura o bajen a mis perros, me sigue pareciendo una auténtica genia.

Los repartidores forman parte de mi vida. A veces traen comida a domicilio, otras vienen a recoger paquetes, siempre me traen libros. Hay días que vienen con cartas, otros con regalos. Son los que me acercan mis recambios médicos de manera puntual, los que llenan mi casa de ramos de flores los días importantes, los que me permitieron sentirme un poco más cerca de mi hermana el día que no se pudo casar porque el mundo estaba confinado. También son los que me traen los primeros ejemplares de mis libros antes de que salgan en librerías y los que hacen posible que el contacto con mis amigos de América Latina no sea solo virtual, sino tangible y material.

Son pacientes, muy pacientes. Nadie les avisa si estamos en casa o no, pero no protestan si tienen que venir dos veces. Alguna mañana los veo en el portal y echo a correr antes de que se vayan. Y ellos me esperan, me sonríen y se marchan con prisa. Se conocen el barrio, los establecimientos, los portales. Conocen a los vecinos mejor que los propios vecinos.

A veces vienen empapados en agua y otras en sudor. En casa siempre les ofrecemos una toalla y un vaso de agua. Ellos son los que se arriesgan para que los demás no nos arriesguemos y no debemos olvidar que cuando leemos: «No salgas, enviamos a casa», lo que en verdad está diciendo es: «Hay alguien cuyo trabajo es salir de casa para ir a la tuya, incluso en plena pandemia». Quizá de ese modo podamos dedicarles un rato de amabilidad, un saludo cariñoso, una propina cuando se pueda, apoyo en la justicia de sus luchas.

Personas sin espejo

Los espejos son necesarios. En ellos no vemos solo nuestro reflejo, vemos nuestra mirada. Que levante la mano quien sea capaz de sostenerla siempre. Yo no lo consigo, pero tampoco lo intento. Me sirve de prueba para saber si las cosas aquí adentro van bien. En un espejo —por suerte— no hay filtros, no hay otros ojos, no hay una voz que te apruebe o te rechace. Estás tú y todo lo que intentas ocultar a otros aparece como un destello. Y no estoy hablando del físico. Qué

Me pregunto si alguien nos ha enseñado a mirarnos.

más da eso. Como ya explicó Wilde en una de las mejores metáforas que existen, lo de afuera es solo un reflejo de lo que hay dentro.

Últimamente me pregunto si alguien nos ha enseñado a mirarnos. Si disponemos de las herramientas necesarias para que eso no sea un trauma, sino un atajo. Mirar algo que está podrido o envenenado es, como mínimo, incómodo, pero es que lo incómodo existe para hacernos cambiar la posición, para buscar el hueco en el que sentirnos a gusto. No es, insisto, un engaño. Es uno más de los mecanismos que tiene el ser humano para buscar el avance.

Ser bueno no es fácil. El mundo que hemos construido está lleno de trampas, y algunas son evidentes y de otras es imposible escapar. Todo está hecho para que caigamos de lleno, para que nos dejemos llevar por la malicia, para que actuemos con egoísmo, para que ayudar al otro suponga un esfuerzo que a menudo choque con los intereses propios. Es un mundo de desidia, en el que nos anestesiamos rápido frente al dolor y cuyas puntas de acero ya no nos dejan marca.

La semana pasada tuve que ir a Malasaña por cuestiones de trabajo. Confieso que tenía ganas de salir del barrio en el que llevo encerrada —quitando esa pausa estival— desde marzo. Dudé. Pero confié. Llegar allí fue como un viaje al pasado. Según me adentraba, el pedaleo en la bicicleta se hacía más complicado. Calles llenas, terrazas a rebosar, cigarros en bocas sin cubrir, distancias mínimas. La Malasaña de siempre, la que todos echamos de menos. Un barrio en ebullición. Casas vacías porque la vida está en la calle. El olor a conversación. Abrazos cálidos. Cuerpos sin miedo. Personas sin espejo. Las mismas voces que critican desde el sofá a todo lo que se mueve ríen ahora en la calle, ciegos ante la enfermedad que recorre esta ciudad y este país y este mundo.

Yo también debo mirarme. Colocarme frente al espejo y ser capaz de contarme las verdades. Ponerles remedio. No criticar solo a la señora que aparece en la tele. Recordar el día en el que di un abrazo y me equivoqué. Pensar que debí evitarlo. Agradecer que no haya pasado nada y comportarme mejor. Repasar cada mañana la línea que no debo cruzar. Llegar al día en el que mirarme no me duela. Y seguir así, frente a mi espejo, hagan lo que hagan los demás.

La celebración naranja de las ausencias

El otro día leía un mensaje de Pancho Varona en el que se lamentaba de que octubre, un mes de viajes a América Latina, es este año solo eso: octubre.

Para la gente que gira por todo el mundo con sus proyectos artísticos, el otoño es el momento en el que las maletas se cargan, las peleas en la aduana vuelven y ese bullicio lleno de color de nuestros hermanos al otro lado nos recibe brillante, como si el tiempo no hubiera pasado.

Porque el tiempo no se pausa cuando hay canciones, cuando hay poesía: el tiempo nos pertenece.

Este año, sin embargo, no sonamos al otro lado. Los viajes se posponen, las canciones se guardan, los poemas no se pueden compartir en voz alta. Y esa es otra más de las infinitas tristezas que nos está dejando esta pandemia.

Si todo estuviera bien, probablemente ahora mismo estaríamos en México. México, en esta época del año, es una bande-

Un altar para recibir a todas nuestras ausencias
y a las de nuestros amigos.

ra. Todo gira en torno a sus hábitos y costumbres culturales. El año pasado pudimos disfrutar del Grito de Independencia en un hotel del DF con un tequila y un chile habanero, pusimos la televisión la noche del 15 de septiembre y gritamos con todo el país por su liberación. Ahora, cada vez que la vida me aprieta y siento que me ahoga por dentro, recuerdo ese grito y el pecho se envalentona, deseoso también de librarse de los yugos externos.

Hay cosas que sí deben celebrarse, y la libertad es una de ellas.

Pienso en México y en el naranja de sus cempasúchiles, la flor que guía a los muertos de regreso a la tierra de los vivos. Se aproxima el Día de Muertos y lamento que nuestros viajes siempre terminen unas semanas antes. Si algo admiro de ellos es su manera de mirar: de todo sacan un aprendizaje, todo es un festejo, hasta la muerte. Mientras que aquí es un tabú, un proceso incómodo y lleno de dolor que negamos, allí es una consecuencia más de la vida, un paso adelante. Para ellos, el 1 y 2 de noviembre son dos días de celebración. Sus muertos regresan durante dos noches a visitarlos, así que les preparan un altar en casa precioso, lleno de color y elementos que representan distintas cosas, todas hermosas.

Esta vez, en cambio, hemos viajado a México sin salir de Madrid. En Casa México, cada año, exponen el altar y explican en una visita guiada y gratuita la simbología de cada elemento y la tradición desde sus inicios. Nosotras prepararemos el nuestro en casa, como cada año, para recibir a todas nuestras ausencias y a las de nuestros amigos. Estará Tango, mi abuelo, la abuela de Andrés y la de Alber, la tata de Vero, los abuelos de Conta, el tío de Mirin... Y un recuerdo a todos los que se fueron. Este año debe hacerse aún con más cariño. Cada vez más amplio, sí, y cada vez con más amor porque es la única manera de asumir la muerte.

La perra de Madrid

Una vez, de pequeña, me perdí en el centro comercial de Collado Villalba. Tendría tres años, aproximadamente. No sé cuánto duró, pero recuerdo el enfado por puro nervio de mi madre al encontrarme. Primero me regañó y después me apretó fuerte entre sus brazos, tan fuerte que no supe distinguir en el momento si eso era un abrazo o un castigo. Tampoco sé quién estaba más asustada de las dos. Creo que ella. Lo pienso ahora, siendo adulta, y se me encoge el pecho del agobio.

Hace un mes, una amiga me pasó la foto de una perra. Se llama Pícara y había desaparecido en Madrid. Un par de días después, salí a pasear a los míos y vi a un grupo de gente que rodeaba a una niña que lloraba. En la mano sostenía una correa, pero no había perro. Se había escapado. Otro desaparecido. Continué mi paseo y me fijé en las paredes de mi barrio, todas llenas de carteles: Pícara se había perdido en Madrid Río y no daban con ella. En el cartel: una perra pequeña, de color canela, carita de anciana, con arnés morado y pañuelo verde al cuello.

Pronto empecé a verla en las redes sociales de mis contactos, en las de gente conocida, en las cuentas animalistas. En casa, soñamos que la encontramos. Pícara, una de tantas perras perdidas, se ha convertido de repente en la perra de todo

Madrid. Todos la buscan. Nadie la encuentra —aún—, pero no nos cansamos.

Sucede algo hermoso con las tragedias, y es que la empatía se intensifica, porque todos sabemos, en mayor o menor medida, lo que es perder a alguien que queremos y a quien juramos proteger. La ciudad entera se ha volcado con la causa: colectivos como Localizalia o Amores Perrunos; asociaciones de vecinos próximas a las zonas de avistamiento como Usera, Batán, San Isidro o Chopera; grupos de Facebook que se movilizan para encontrar animales perdidos; vecinos que salen a hacer batidas de madrugada por todos los parques...

Madrid también es esa burbuja llena de gente que lo deja todo, incluso en plena pandemia, por ayudar a alguien a quien le duele otro. Eso también es esta ciudad que no pregunta: responde.

Lo último que se sabe de Pícara es que se la ha visto en Casa de Campo. Es una perra tranquila que sufrió abandono, por lo que no se fía demasiado de la gente, pero es lista, tan lista que solo responde a la comida. Por eso, sus responsables animan a que no se la intente coger, sino que se la fotografíe y los contacten para que ellos acudan a la zona.

Pienso en la niña pequeña que sostenía una correa sin perro y deseo que lo haya encontrado, y que le envíe toda su suerte a Pícara para que ella vuelva a casa también. Cada tarde que salgo me cruzo con su cartel y me quedo un rato mirándola. En su cara veo la cara de todos los perros que no han tenido suerte y me reafirmo: tenemos que encontrarla.

Pintar el mundo de nuevo

Me sienta mal madrugar.

Las siete o las ocho de la mañana no son horas para mí. Mi cuerpo ya se ha acostumbrado a despertarse a las nueve, pero salir de la cama sigue suponiéndome un esfuerzo capaz de quitarme la energía para el resto del día, dejándome la cabeza en modo resaca. Hay mañanas en las que deslizo la mano fuera del edredón, cojo el iPad y trabajo sobre la profunda comodidad de mi colchón. Enfrentarse al mundo no es tarea fácil y yo me permito ser un poquito cobarde cuando tengo sueño.

Sin embargo, hay días en los que mi cerebro se activa, como hoy, que escribo a primera hora mientras se decide la próxima presidencia de Estados Unidos. Todo lo que pasa allí sacude al resto del mundo. Tras escuchar en algunos países de Europa ciertos discursos que solo son réplicas, he dejado de ver las locuras de un americano con poder como algo lejano. Están aquí. Y tanta desunión, tanta ansia por la separación, tanta fobia a la libertad, tanto *todo vale*, tanta desigualdad expresada en voz alta sin ningún tipo de reparo, consigue sacarme de la cama. Necesito salir a la calle y cerciorarme de que existen lugares amables.

Cuando el desasosiego me invade, recurro al futuro para cobijar cierta esperanza, pero no ese que no existe, sino el futuro que tenemos delante de nosotros, el que todavía cruza en verde un paso de cebra o da palmadas en las cabezas de los perros para saludarlos: los niños y niñas.

Existe un ejercicio interesante para entrenar la resistencia y la fe: la entrada de los colegios. Mi barrio madrileño, que lo adoro, es familiar y jovial. Las familias y la diversidad se mezclan y convierten las puertas de los centros en un batiburrillo de culturas, estilos de ropa o modos de vida. Los padres y madres se agrupan —quizá de manera inconsciente— con sus iguales, aunque lo más seguro es que sus conversaciones se parezcan más de lo que ellos mismos creen. Sin embargo, los niños son solo uno. Si pudieran abrazarse sin temor al contagio, serían un color fruto de todos los colores y podrían inventar un nuevo idioma que todo el mundo comprendiera. Mientras sus responsables se separan y marcan distancia, ellos ni siquiera ven los muros. A veces quisiera subirme a una escalera, salir del planeta, cogerlo con las dos manos y entregárselo a un niño o una niña para que lo borre y lo pinte de nuevo.

Vuelvo a casa. El conteo sigue. En un rato se sabrá el resultado. No sé si me meteré en la cama o lo celebraré con un vino. Ahora mismo, después de volver de la calle, solo pienso en cómo hacerlo para que esos niños y niñas no pierdan el sueño, sigan sin ver la diferencia, mantengan las manos abiertas y no escuchen a los monstruos con traje que vienen a contarnos que las pesadillas, a veces, se pueden cumplir.

La distancia que nos protege

Yo también quiero ir a ver a mi familia.

No necesito mucho tiempo, unos días son suficientes. O unas horas.

Quiero ver las arrugas de mi abuelo, sus manos grandes y cansadas, verle desde lejos mientras camina despacio, como un elefante, por las calles de Segovia.

Quiero volver a escuchar su risa sin ruido. También quiero sentarme en la cocina con mi abuela, contarle la última que me han liado los perros, comer sus lentejas mientras escuchamos las necrológicas en la radio, decirle lo bien que huele siempre.

Quiero irme de Madrid, esperar a que mi abuela salga de misa y darle una sorpresa. Celebrar juntas sus noventa años. No negarle el abrazo, colgarme de sus brazos, pellizcarle las arrugas de las manos como cuando era pequeña.

Quiero ver a mi padre. No sé cómo son sus días desde que se ha jubilado. No sé si ha vuelto a sus libros de siempre, a qué saben los platos nuevos que cocina, si piensa en mí de vez en cuando. Quiero ver cómo descansa.

Y quiero ver a mi madre, estar con ella, recogerla del trabajo. Quiero apagar el ruido de su cabeza, apoyarme sobre su cuerpo en la cama, decirle que va todo mejor que nunca.

Quiero ver a mis tíos, saber de mis primos, dar de nuevo a la tecla que reanuda todo, soltar el aire contenido.

Y también quiero ver a Andrea, aunque por nosotras el tiempo nunca pase. Quiero volver a Madrid con ella. Traerla a casa, reírnos hasta las tantas, que llene la cocina del olor de sus platos, preparar nuestros viajes a América, soñar lo que sabemos que se terminará cumpliendo.

Pienso en todo esto, en la diferencia entre la necesidad y los deseos, en mi facilidad a la hora de asumir todo lo que viene dado, en que cuando se trata de cuidar al otro no existe otra opción. Recuerdo lo sencillo que fue al principio, cuando todos estábamos confinados y nada se presuponía de otro modo. Las reglas eran las mismas y era fácil cumplirlas. Pienso en todo esto, en la necesidad que tengo de ver a los míos y en la tristeza de no poder hacerlo, así como en la tranquilidad que da ser responsable. Pero entonces levanto la mirada y veo lo que sucede: normas que se saltan, trampas para escaquearse de las medidas, personas que no cumplen. Muchos se van sin problema a pesar del confinamiento perimetral de otras comunidades. No les cuesta. Piensan en los suyos como pienso yo, sienten la misma necesidad que siento yo, pero de otro modo. Porque mi amor por ellos está en esta distancia que mantengo porque sé que nos protege, y eso está por encima de cualquier deseo o necesidad.

Y sí. Yo también dudo. Claro que dudo. Y me frustro. Así que llamo a mi madre para escuchar lo que ya sé. Y ella me lo dice: tú siempre has sido responsable. Y me quedo en Madrid aunque Madrid se vacíe.

Carta a todos los abuelos

Querido abuelo o abuela:

Me llamo Elvira y estoy aquí para curarte el miedo. Lo peor ya ha pasado. Tú y yo seguimos aquí. Estamos vivos. Sea como sea, seguimos respirando y aún tenemos gente cerca que nos cuida y quiere, y eso —con pandemia o sin ella— me sigue pareciendo un milagro.

Yo he pasado un año regular. El coronavirus no se ha llevado a nadie de mi familia por delante, pero sí que ha arrasado con vidas, trabajos, despedidas y abrazos. Míos o de otros: eso no importa. Es igual de doloroso. A mí me gusta escribir y también se llevó mis palabras: de pronto la vida se paró y no

*Quiero sentarme en la cocina con mi abuela, contarle la última
que me han liado los perros, comer sus lentejas mientras escuchamos
las necrológicas en la radio, decirle lo bien que huele siempre.*

había nada que contar. Es lo más parecido a que me roben el aire que he experimentado nunca.

Yo vivo en Madrid, pero toda mi familia vive en Segovia y he pasado mucho miedo por ellos. Tengo tres abuelos: Vicente, Juanita y Sote. Llevo veintiocho años con ellos y no soy capaz de imaginarme la vida cuando falten. Sé que será distinta, que se quedará a medio completar y que en los ojos de todos se marcará un halo de tristeza que ya nunca podremos borrar. Aprovecho cada momento con ellos y por eso 2020 me ha hecho tanto daño. No soporto no poder abrazarlos. Pero la vida es como es, bien lo sabéis vosotros, supervivientes de guerra, y frente a eso no podemos hacer nada.

Así que he venido a curarte el miedo, porque tengo dos debilidades: los abuelos y los perros, y no puedo soportar el hecho de pensar que podéis estar pasándolo mal o sintiéndoos solos o desprotegidos en un mundo que os ha hecho tanto daño. Vengo a contaros que ahí afuera hay miles de personas pensando en vosotros. Que sois los primeros, aunque a veces parezca que no. Que el abrazo de un abuelo o una abuela es para nosotros un billete de vuelta a casa, el olor a tierra mojada, la seguridad de saber que todo va a salir bien, y eso no se puede encontrar en ningún otro lugar. Que las trincheras están cubiertas y vosotros, a resguardo. Hay un mundo entero empeñado en protegeros y no hay virus ni bala que os pueda alcanzar. No estáis solos. La gente joven como yo estamos empeñados en curar vuestras heridas, en ponéroslo lo más fácil posible, en daros el descanso que merecéis. Sois un ejemplo a seguir en esto y en todo. En vuestras arrugas está nuestro camino marcado. Vuestras historias son una guía, una ayuda para el futuro que nos espera, la pista que encuentra el tesoro.

Y una y cien veces escucharía vuestra voz hasta quedarme dormida porque sois tan listos como los libros. Cuéntaselo a todos, ¿vale?

Sé que está siendo muy difícil para ti, para vosotros, y seguramente a veces tengas ganas de que todo termine. Pero detrás de todo miedo siempre hay belleza: ganas de vivir. Así que si tienes miedo significa que estás vivo, más que nunca, y que la vida te importa. Tu vida te importa. Tu vida me importa. Por eso no quiero quitarte el miedo, quiero curártelo para que puedas vivir con él y darle un sentido. Mi abuela me enseñó que ese es el truco: darle un sentido a todo lo que nos asusta, nos daña o nos pone nerviosos.

Así que te dejo aquí mi regalo de nuevo año: el consejo de mi abuela, un abrazo resistente a la distancia y las gracias, de todo corazón, por devolverme las palabras y luchar porque mi generación llegara a 2021. Os debemos la vida.

Cuídate mucho, tal y como sigues haciendo, y no dejes de enseñarnos todo lo que sabes.

Un abrazo grande,

Elvira Sastre

Madrid me vive

Siempre fue un sueño escribir en un medio como *El País*. El amor con el que devoraba los artículos de Rosa Montero y Almudena Grandes, coleccionaba las historietas de *El Pequeño País*, recortaba las fotos de Iker Casillas y leía cosas de otros países tan lejanos que parecían escritos en otro idioma me trajo aquí, y con este mismo amor termino este penúltimo baile para que lo recoja el siguiente.

Odio ese tipo de despedidas que no se esperan, sino que aparecen como un relámpago y parten todo en dos después de iluminarlo. Como un milagro mal dirigido. Pienso en todas las veces que me dijeron adiós y agradezco ahora a quienes prepararon el camino antes de hacerlo. Las personas sensibles como yo necesitamos que la música suene antes de llegar al estribillo. Madrid, te voy a echar de menos, voy a extrañar escribir sobre ti, pero esta no es una carta de despedida. Vamos a cambiar de canción y lo haremos felices.

A lo largo de dos años y medio he intentado definir Madrid con una frase, y eso es tan ambicioso como pretender saber de qué color son tus ojos ahora que ya no los veo. Pero puedo dejaros aquí mis palabras, para que acudáis a ellas cuando queráis darle un nombre.

Madrid es la ventana a Las Vistillas de mi primera habitación, la cocina de Embajadores donde bailaba sin miedo, el balcón de Lavapiés en el que me ahogué durante meses, la última cuesta del barrio por la que paseó Tango, el patio en el que Miranda se sentó a verme crecer, la terraza en la que escuché los aplausos de Acacias.

Madrid es volver y sentir que no te has ido; irte y sentir que ya estás volviendo. Madrid es el polvo que se levanta en el escenario de un teatro alternativo, las manos entrelazadas en el Renoir, las buenas noches de un concierto en el Price.

Madrid es correr contra el aire en una bicicleta y sentir que somos un suspiro en mitad del viento.

Madrid siempre será Manuela.

Madrid también es el frío y la gente que duerme al frío, la

basura en el río, los sueños que nos hablan de las cosas que nunca conoceremos.

Madrid es Lío en el Retiro, Atocha en Navidad, el Orgullo como bandera.

Madrid es un atentado que no olvidamos.

Madrid es un grupo de mujeres llenando un estadio de fútbol.

Madrid también es, a veces, un inmigrante que sonríe y un español que odia. Madrid es una manifestación que escucha.

Madrid es la lluvia que me despertó en mitad de la noche y me golpeó hasta que conseguí olvidarte.

Madrid es el vino de Andrés proponiéndome hacer historia.

Madrid es el viaje en metro donde nació una novela.

Madrid eres tú ofreciéndome el agua del Manzanares un día de sed.

¿Os acordáis? Madrid es un beso seguro, ya sea en San Isidro, en la Feria del Libro o en un poema.

Madrid es un anciano que pasea sin miedo y una mujer que camina tranquila, pero también es una residencia abandonada y un asesinato impune.

Madrid son mis perros, claro.

Madrid es Pícara.

Y los amigos que se quedan, y los veranos lejos, y las siestas con ventilador. Madrid es Sabina poniéndose en pie una vez más. Alguien que apaga un incendio. Una pandemia. Mis vecinos, la diferencia de banderas y el cuidado. La cola del hambre. El miedo.

Madrid es la salida de un colegio. El olor de los barrios.

¿Os acordáis? Madrid es un beso seguro, ya sea en San Isidro,
en la Feria del Libro o en un poema.

Madrid son los días que salí del infierno para recogerte en el trabajo.

Madrid es el único mar que no me da miedo.

De ti voy a echar de menos todo. Han sido dos años y medio en los que te he observado de una manera distinta. Hasta que *El País* me dio esta oportunidad, solo miraba con amor a los seres vivos, y nunca pensé que una ciudad pudiera devolverme algo tan puro. Sin embargo, ahora encuentro amor en los adoquines partidos, en el cielo anaranjado de Tirso a las ocho de la tarde, en las bicicletas abandonadas, en los teatros llenos. Encuentro amor en la capital que se hizo pequeña para mí solo para que siguiera sintiéndome como en casa. Encuentro amor en Ana, en Manolo, en el quiosquero, en los tomates enormes de mi frutero. Hasta en el accidente en el que tu carretera me recogió y salvó de algo peor, hasta en eso encuentro amor. Encuentro amor en la lluvia, en la niebla que se engalana para este adiós, en los rincones que te rodean y que aún no he descubierto.

He aprendido a mirarte intentando siempre encontrar algo distinto para poder mostrarlo con palabras, y solo por eso, y por tu puerta abierta, y por tu consuelo acostumbrado, y por las luces que encendiste en mis noches más oscuras, y por la tristeza amiga, y por la vez que me dijiste «el amor no es esto», y por el día que me llevaste a un beso inolvidable, y por tu silencio tras mis libros, y por tus escenarios siempre amables, y por Tango y por Miranda, y por el primer mensaje de Lucía (gracias), y por tu olor a casa con chimenea, y por la velocidad de una vida deseada, y porque de ti es imposible irse, gran amor de mi vida, gran ciudad de mis sueños, solo por eso, no dejaré de escribirte, sea donde sea, no dejaré de habitar tus rincones y no dejaré de mirar a ese cielo tan infinito y tan tuyo donde es difícil no ser feliz.

Madrid es el artículo que no llegué a escribir.

Madrid sois todos los que habéis leído esta columna alguna vez.

Y Madrid también soy yo poniendo punto y final a «Madrid me mata».

Porque Madrid no me mata, ya no.

Madrid me vive.

MADRID DESDE OTRA ORILLA

Las ramas del liquidámbar se mueven lentamente, puedo verlo a través de la ventana que da a la terraza. Es otoño y el color de sus hojas oscila entre el verde y el amarillo. Algunas de sus ramas se apoyan sobre la columna, como si quisieran encontrar apoyo. Deja pasar algunos rayos de luz que llegan hasta mí y calientan el dorso de la mano con la que escribo. Es tan grande y frondoso que da la sensación de ser una cama de hojas amables y dispuestas. Creo que es mi árbol favorito: es el primero que toqué con mis manos cuando llegué a esta casa.

Nunca había tocado un árbol tan alto, no más allá del tronco. Este verano me subí a una silla para coger los frutos de los dos ciruelos que nos protegen del sol, pero apenas llegaba de puntillas a las ramas más altas. Sin embargo, la copa del liquidámbar descansa sobre la terraza a la que da el despacho en el que trabajo, y verlo cada día, ver cómo cambia de color, cómo muda las hojas, cómo silba cuando el viento le roza, es un espectáculo hermoso. A veces, se cuelan las voces de mis vecinos, que se han convertido en los mejores amigos de mis perros y timbran de vez en cuando para que salgan a jugar con ellos por las tardes. Sus voces son tiernas, agudas, están por hacer, y acompañan a esta vida amable y tranquila que pone pausa a la velocidad que hay ahí afuera.

Me mudé a esta casa al norte de Madrid hace unos meses. No fue por la pandemia, aunque esa es la versión que doy cuando no me apetece contar más de la cuenta. Durante esos meses pasaron muchas cosas en mi vida. El coronavirus y sus consecuencias no fueron más que el contexto de otra historia más dolorosa a la que algún día daré palabra. El caso es que todo fue compacto, rápido, y no fue hasta que se terminó y salí de mi casa que me di cuenta de que el aire que había estado sosteniendo en los pulmones se había convertido en una losa pesada que tiraba de mí hacia abajo.

Pensé que la escritura me salvaría, como lo ha hecho siempre, pero no supe cómo enfrentarme a ella. Alquilé un despacho al otro lado de la ciudad y, confiada, pasé varias mañanas allí. Fue la primera vez que escribía en un lugar que no fuera mi casa, pero es que allí ya solo veía las ventanas como ventanas. El confinamiento reveló los trucos y tuve que buscar otro sitio. Entonces, una mujer amable me ofreció un local. Era un bajo amplio, con varias posibilidades. No era luminoso, pero mi vida en ese momento tampoco y no me pareció un problema. Quería escribir algo doloroso, darle sentido al daño, y tal era mi abstracción que me deshice de la poca luz que entraba por las ventanas. Cada mañana, como un ritual, apagaba las luces, encendía una lámpara y una vela y me ponía a escribir partiendo el silencio. Cada tarde, a la vuelta, regresaba llorando a casa, exhausta por el esfuerzo emocional. Un día, mi psicóloga me preguntó por qué me hacía tanto daño. Llevaba varias noches sufriendo pesadillas y estaba preocupada. «Elvira, ya estás escribiendo una historia sombría y difícil, ¿por qué agrandas el dolor sumiéndote en la oscuridad? Busca la luz. Contrapón el dolor con algo que te ilumine. El daño está hecho, pero es tu elección cómo te enfrentas a él.»

En casa, llevábamos un tiempo hablando de mudarnos. En nuestros sueños, siempre nos vislumbrábamos con muchos perros adoptados y muchos otros de acogida en una casa con jardín a las afueras de Madrid, pero el paso era tan grande como el vértigo a darlo, así que la conversación siempre terminaba formando parte de un futuro que no llegaba. Sin embargo, ese día, al llegar a casa, le conté lo que había pasado. Le dije que me había dado cuenta de que necesitaba la luz para alimentar mis palabras, como si fuera esta la que las pone en marcha, y que sentía que ya no podría colocarme frente a ellas si no contaba con la claridad suficiente para entenderlas. Ella, que me da de beber del río cuando tengo sed y que conoce de memoria el mecanismo de mi cuerpo, me dijo que sí y con el sonido de su voz en las manos llegamos a esta casa. Parece sencillo, pero es que lo fue. A veces basta una necesidad para cumplir un deseo.

Soy feliz aquí. Es un pueblo amable, tranquilo. Me he deshecho de parte de los descuidos del centro de Madrid. Hay poco tráfico y humo, aunque también pocos sitios para aparcar —eso debe de ser algo común en toda la región—. La gente pasea de una manera que no había visto antes en esta ciudad. Van sin prisa, como si hubieran llegado a su destino y solo les quedara disfrutar. Al verlos, siento algo parecido a cuando me voy de vacaciones a algún sitio aislado y observo los aledaños con curiosidad.

La quietud de las afueras de la ciudad da sentido al alboroto del centro. Creo que Madrid sería otra cosa sin ese contraste. A pesar de haber estado casi diez años en la zona más viva de la capital y haberme sentido muy a gusto, una parte de mí extrañaba esa sensación confortable de conocer a la gente del pueblo en el que vives, de cruzarte con las mismas caras todas las semanas, de recordar el nombre de los perros de tus vecinos y saludarte sin importar que sea la primera vez.

Ni las afueras ni el centro están hechos para todo el mundo. El corazón de la ciudad lo estuvo para mí durante muchos años en los que no pensé en habitar otro lugar. Era un corazón a medida: lo suficientemente grande como para no tener que buscar cobijo en otro sitio y lo suficientemente pequeño como para reconocerlo posara donde posara los ojos. Pero empecé a echar en falta el silencio: no el de las calles, sino el mío propio. Y a veces, para conseguirlo, uno ha de cambiarlo todo para reconocerse en lo desconocido. Y eso es lo que he hecho.

Cada mañana paseo a mis perros por un bosque infinito. La primera vez que lo vi, pensé que aparecerían gnomos y hadas entre las plantas. Nada más llegar me compré unas botas de montaña que me calzo cada mañana porque no concibo empezar el día sin haber andado unos kilómetros por el campo. Hay un camino corto y estrecho secundado por árboles tan concentrados que casi cuesta respirar al pasar, pero a mí me encanta cruzarlo. Cuando juego con Viento, le lanzo piñas y las manos se me quedan pegajosas por la resina. Además de piñas, hay castañas, bellotas, frutos extraños, multitud de encinas y de robles, flores que me llevo para que adornen el salón, hojas con forma de corazón, plantas que no había visto nunca, hasta familias de jabalíes con las que todavía no nos hemos cruzado. Los perros van sueltos todo el camino y durante estos meses he aprendido a ser consciente, a todos los niveles, del paso del tiempo. Estar en contacto con la naturaleza nos ayuda a reconocernos en ella como parte de su transformación. Ahora veo cómo pasa el tiempo a través de los árboles. Observo su cambio: de forma, de color, de tamaño, incluso de olor, y siento que la vida es esto, que estoy más despierta que nunca.

Por supuesto, hay cosas de la capital que echo de menos. Al irme, me he dado cuenta de que hace tiempo que ya no soy espectadora de la ciudad. Cuando escribía sobre ella, la analizaba como una testigo, como alguien que se encuentra ahí por accidente. Escudriñaba sus rincones, sus vecinos, la forma de las carreteras, la manera en la que todo se coloca a la perfección a pesar de la escasez de espacio. Me sentía fuera y dentro al mismo tiempo. Pero ya no me siento espectadora: me siento parte activa de esta ciudad que amo desde todos sus rincones. La distancia suele ayudar a acomodar las cosas en los lugares que necesitamos, ya sea lejos o cerca. Por eso, cuando quiero sentirme libre me basta con acercarme a los recuerdos que me unen a mi vida de estos años en Madrid.

Recuerdo los paseos en bici rindiéndome al viento, sabedora de que siempre me lleva a un lugar mejor. Recuerdo, también, todas y cada una de las manifestaciones en las que sentí que mi voz, nuestra voz, tenía poder. Recuerdo los besos prohibidos, los gritos sordos, las tristezas acumuladas que salía a airear a los balcones de todas las casas que habité. Recuerdo las noches en el teatro, ese olor dulce del polvo que se levanta en el escenario cuando lo pisas, tu cuerpo bailando sobre él. Recuerdo la bondad de Madrid cuando era Manuela quien cuidaba de ella. Recuerdo la lluvia sobre el asfalto, mis vecinos aplaudiendo a escasos metros de mi ventana, conocer tres barrios en un único paseo. Recuerdo Lavapiés cuando el cansancio me aprieta los huesos y quiero recuperar el aliento. Recuerdo mi balcón favorito, ya vacío, y el patio en el que me senté a verte crecer. Recuerdo a Tango mordiendo la correa en su primer paseo por las calles del barrio y también recuerdo todas y cada una de las casas en las que estuvo mi hermana porque todos los lugares que ella habita también viven dentro de mí. Recuerdo el Orgullo cuando me siento capaz. Y recuerdo, siempre, el mensaje de Lucía, la puerta abierta de *El País*, las tardes en las que escribí los artículos de este libro, cada palabra, cada momento, cada «Madrid me mata».

Madrid está hecha de pequeñas ciudades que florecen sin asombro y se ofrecen como cobijo de los que sueñan, de los que están perdidos, de los que respiran conteniendo el aire, de los que tienen prisa pero no destino, de los que huyen, de los derrotados, de los que empiezan de nuevo una y otra vez. Madrid a veces funciona y otras veces no. Porque Madrid, y esto es importante, no es para todo el mundo. Madrid también daña, Madrid también mata. Pero si la sientes tuya no va a cerrarte la puerta nunca. Supongo que tiene una magia común a otras grandes ciudades Yo quisiera que este libro sirviera de puente, pero también de recuerdo, aunque no la conozcáis, aunque no sepáis de qué hablo: todos tenemos una gran ciudad en el corazón.

Y aquí estoy ahora, viendo a mi Madrid desde otra orilla, solo un poquito más lejos de lo cerca que siempre he estado.

La claridad va bajando, ya no oigo a mis vecinos, el verde ama-
rillento se ha vuelto oscuro y algo dentro de mí me pide silen-
cio hasta que la luz vuelva. Porque la luz siempre vuelve. Y yo
sigo aquí, como el árbol que, silente, llena de vida un espacio
vacío, esperando que alguien pase bajo su sombra y se quede,
un instante, a ver pasar el tiempo.

CUATRO POEMAS

Otoño

Es la hoja que cae
sobre este cuerpo que ahora habito
la que me enseña que todo pasa,
que las heridas son ligeras
si no rozan el suelo,
que en su vaivén
descansan todas las palabras
que aún no he escrito,
que ese movimiento esconde
toda la vida
que ya está ocurriendo.

Invierno

No es soledad ni silencio,
tampoco es un hueco vacío o
una mano que no llega.
No es el paisaje desierto ni la escarcha
desnuda ni el hambre de agua.

Es tu voz calentando mis manos,
la palabra justa en el oído, el espacio
en tu cuello cuando afuera todo
sigue siendo extraño.

Es el frío, nada más:
un temblor que parpadea
y nos cambia para siempre.

Primavera

Qué hacemos con tanta luz,
mírala y dime
dónde debemos colocarla para
que no termine nunca este baile
en el que todo es posible,
y el mundo huele bien, y vivir es
sencillo, y querernos no resulta
complicado, y los fantasmas desaparecen
de las consultas, y en sus ojos la infancia
se mantiene intacta, y el aire va de los pulmones
a los bosques porque regresa, y los ríos crecen
en libertad, y los animales recuperan
el idioma, y tú tarareas
el himno de mi vida
y la enciendes,
así,
tan fácil.

Mírala y dime qué hacemos
para que el miedo no prenda y la oscurezca,
dime
qué hacemos con tanta luz
si nunca hemos sido capaces de mirarla de frente.

Verano

Te gusta sacar la mano por la ventanilla
cuando te alejo del asfalto y te llevo
a una playa del norte.
Entonces suspiras y la brisa
ya no es brisa,
es otra cosa mucho más hermosa
que llega hasta mí y me golpea
como el aire, como el sol cuando se posa
de nuevo sobre tu mano y me aleja,
esta vez a mí,
de todas las carreteras.

COSAS QUE PASAN EN MADRID
CUANDO UNA ESTÁ VIVA

Otoño

1. *Las lágrimas amarillas de los sauces del Retiro.*
2. *Comprar calabazas en el mercado de Santa María de la Cabeza.*
3. *Pisar todas las hojas del Parque Peñuelas.*
4. *Una canción que me cambia la vida en el Libertad 8.*
5. *Las últimas cañas al sol en Argumosa.*
6. *Ver la luz cálida de las casas de enfrente a las ocho de la tarde en Ribera de Curtidores.*
7. *Comprar castañas en la plaza de Jacinto Benavente.*
8. *Los desayunos del Ojalá.*
9. *No recordar nada de lo que pasó anoche en el Fula.*
10. *Quedar contigo en la plaza de Santa Ana y ponerle una bufanda a Federico.*
11. *Los jardines de Aranjuez en octubre.*
12. *Una obra de teatro inolvidable en el Kamikaze.*

13. *Cruzarme contigo en Ópera y volver a casa cantando una canción.*

Invierno

1. *Los atardeceres naranjas en Tirso de Molina.*
2. *Buscar setas por la Sierra de Guadarrama.*
3. *Las luces de Navidad en el paseo de la Castellana.*
4. *Sus caras felices en Cortilandia.*
5. *Un consomé delicioso en el mercado de San Miguel.*
6. *Mi mano fría bajo tu abrigo en el café Comercial.*
7. *Un sueño cumplido en los conciertos del Inverfest.*
8. *Los cocidos del Charolés.*
9. *Los juegos de mesa del café Manuela.*
10. *Noches improvisadas en el Toni 2.*
11. *El mercadillo navideño de la plaza Mayor.*
12. *Un chocolate caliente en San Ginés.*
13. *Terminar el domingo en el cine Fuencarral.*

Primavera

1. *Los cerezos en flor en la Quinta de Los Molinos.*
2. *El fin de exámenes en Argüelles.*
3. *Las parejas que entran de la mano al Museo del Prado.*
4. *Encontrar el libro en los puestos de la Cuesta del Moyano.*
5. *Una película en versión original en los Renoir de Plaza de España.*
6. *Las comidas con los de siempre en el Shapla.*

7. *Las camisas baratas en los puestos del Rastro.*
8. *Los reencuentros en Atocha.*
9. *Las aceitunas de la Plaza del General Vara del Rey.*
10. *Los mercadillos de la Plaza del 2 de Mayo.*
11. *Las carreras de patines en Madrid Río.*
12. *El pícnic después de la Feria del Libro.*
13. *Observarte mientras haces ramos con todas las flores que has comprado en Tirso.*

Verano

1. *Invitarte a un bocadillo en las fiestas de la Paloma.*
2. *Los vestidos de flores en las verbenas de Lavapiés.*
3. *Las colas para entrar a las piscinas municipales.*
4. *Los perros ladrando en el pantano de San Juan.*
5. *Bailar contigo hasta perder la memoria en Las Vistillas durante las fiestas de San Isidro.*
6. *El agua del Manzanares en tus manos.*
7. *El amor volando feliz por todas las calles de Chueca.*
8. *Un paseo en barca por el Retiro.*
9. *Un concierto inolvidable en las Noches del Botánico.*
10. *Empezar el día con un vermut en el café Verbena.*
11. *La bolsa de pipas en el Templo de Debod.*
12. *El cobijo en la librería Grant o en la Alberti.*
13. *Los dulces de Caramelos Paco.*

ÍNDICE

Y entonces me despierto. Y en mi cama solo existe Madrid y este frío que viene a recordarme que nada dura nunca lo que debería. Que esta ciudad algún día desaparecerá igual que lo hiciste tú y se quedará atrapada en mi cabeza, quizá en forma de avión o puede que de elefante, y que aunque ahora no quiera creerlo, algún día me daré cuenta de que eso es más que suficiente.